C.H.BECK WISSEN

Otto Dix lebte in politisch und gesellschaftlich stark wechselnden Zeiten – vom Kaiserreich und dem Ersten Weltkrieg über die Revolution und die Weimarer Republik, die Herrschaft des Nationalsozialismus mit dem Zweiten Weltkrieg bis zur Nachkriegszeit. Diese Veränderungen und Brüche spiegeln sich im Werk von Otto Dix in der Vielfalt der Themen und bildnerischen Mittel. Uwe M. Schneede spürt in seinem konzisen Überblick über Leben und Werk dieses vielseitigen Künstlers die Gründe für die frappierenden Stilwechsel auf und gelangt schließlich zu einer Neueinschätzung der Arbeiten aus Dix' zweiter Lebenshälfte.

Uwe M. Schneede war von 1991 bis 2006 Direktor der Hamburger Kunsthalle. Bei C.H.Beck sind zuletzt von ihm erschienen: «Max Beckmann» (2011) und «Die Kunst der Klassischen Moderne» ([2]2014).

Uwe M. Schneede

OTTO DIX

Verlag C.H.Beck

für M.

Mit 40 Abbildungen, davon 19 in Farbe

Originalausgabe

Satz: Fotosatz Amann, Memmingen
Druck und Bindung: Druckerei C.H.Beck, Nördlingen
Reihengestaltung: Uwe Göbel, München (Original 1995 mit Logo),
Marion Blomeyer (Überarbeitung 2018)
Umschlagabbildung: Detail aus: Otto Dix, An die Schönheit, 1922

Printed in Germany
ISBN 978 3 406 73223 2

www.chbeck.de

Inhalt

Vorbemerkung

Er ist einer der großen deutschen Künstler des 20. Jahrhunderts. Wenn man sich allerdings genauer auf seine Werke und die zahllosen Publikationen einlässt, kommt man nicht umhin, sich angesichts der überraschenden künstlerischen Wendungen und ihrer gegensätzlichen Bewertungen schließlich zu fragen, wer dieser Künstler Otto Dix eigentlich war und wie er einzuordnen sei: Maler der gemäßigten Neuen Sachlichkeit oder des bissigen Verismus? Gesellschaftskritiker im Sinne von George Grosz oder (wie Lovis Corinth meinte) Naturalist in der Folge Wilhelm Leibls? Bildreporter des Kriegsfaszinosums oder – ganz im Gegenteil – mahnender Pazifist? Politisch oder unpolitisch? Etwa gar «malender Reaktionär am linken Motiv» (so der Kunstschriftsteller Carl Einstein)? Avantgarde oder Rückfall ins Altmeisterliche? Antifaschist (wie man in der DDR meinte) oder überlebter Figurenmaler zu Zeiten der Abstraktion (in der frühen Bundesrepublik)? Das alles ist ihm tatsächlich zugeschrieben worden.

Aber was gilt nun, wenn immer auch das Gegenteil behauptet wurde? Wer war Otto Dix als Künstler? Ist das Werk etwa so verführerisch vieldeutig, dass es jedem etwas zu bieten hat? Dafür tritt es zu bestimmt und unerbittlich auf. Könnte es daher sein, dass die widersprüchlichen Antworten der Interpreten weniger Dix' Intentionen wiedergeben als vielmehr ihre eigenen Haltungen, seien sie nun moralischer, ästhetischer oder politischer Natur? Die nächste Frage schlösse sich sogleich an: Was in diesem Werk begünstigt solche widersprüchlichen Reaktionen? Und worin unterscheidet es sich beispielsweise von demjenigen seiner Zeitgenossen Max Beckmann oder Ernst Ludwig Kirchner, denen ähnlich gegenläufige Zuordnungen nicht zuteilwurden? Welche spezifischen Intentionen, Inhalte, Themen oder Bildmittel wären die Ursachen für diese gegensätzlichen Reaktionen? Und worauf lassen sich die künstlerischen Wendungen zurückführen?

Was jedenfalls von heute aus, 50 Jahre nach dem Tod des Künstlers, zählt und verlässlich bleibt, ist das Werk selbst, das Werk in seinen biographischen, zeithistorischen und kunsthistorischen Kontexten. Aus ihm ist die Analyse der Inhalte und Bildverfahren abzuleiten. Von Interpreten jeglicher Couleur ist Dix wieder und wieder als Nietzsche-Adept hingestellt worden; hier soll es vor allem um seine künstlerische Eigenständigkeit und seinen Eigensinn gehen – durchaus auch in dem (ihm selbstverständlichen) Umgang mit bildnerischen Anleihen.

Seit den 1990er Jahren ist dieses Werk nach vielen Seiten von einer zumeist jüngeren Kunsthistorikergeneration vorbehaltlos und gründlich erkundet worden. Zwar fehlt es noch an der Aktualisierung jenes Werkverzeichnisses der Gemälde, das Fritz Löffler 1981 veröffentlicht hat, aber die Werkverzeichnisse der Aquarelle und Gouachen von Suse Pfäffle (1991) sowie der Zeichnungen und Pastelle von Ulrike Lorenz (2003) und die Edition der Briefe ebenfalls durch Ulrike Lorenz (2013) sicherten wichtige Grundlagen, während Kataloge zu Ausstellungen einzelner Werkbereiche in Chemnitz oder Dresden, Düsseldorf oder Hamburg, Mannheim, Stuttgart oder New York jüngst vielerlei neue Einsichten brachten. Olaf Peters legte eine aktuelle Biographie vor. Aus all diesen Publikationen zieht, wer sich erneut an das Werk von Otto Dix wagt, großen Nutzen. Wesentliche Anregungen verdanke ich zudem den Teilnehmerinnen und Teilnehmern an einem Dix-Seminar, das ich im Sommersemester 1990 an der Ludwig-Maximilians-Universität München abgehalten habe, auch den daraus hervorgegangenen oder daran anschließenden Arbeiten von Rhoda Eitel-Porter, Martina Fuchs (†), Renate Heinrich, Kira van Lil und Andreas Strobl. Es galt, diese Anstöße noch einmal aufzugreifen und weiterzuführen.

Frappierende Stilwechsel; der Beginn

Selbstbildnisse 1912–1915

Eine grundlegende Besonderheit dieses Werks lassen bereits die frühen Selbstbildnisse erkennen. Sie führen eine kunsthistorisch einzigartige Heterogenität der Stile vor. Otto Dix war gerade 20 Jahre alt, geboren 1891 im thüringischen Gera als Sohn eines Formers in einer Eisengießerei und einer Näherin; 1905 bis 1909 hatte er eine Lehre als Dekorationsmaler bei einem Geraer Malermeister absolviert und ab 1910 in Dresden mit Hilfe eines Stipendiums an der Königlichen Kunstgewerbeschule studiert – bis er 1914 in den Krieg eingezogen wurde.

In dieser Zeit entstand eine Reihe erstaunlicher Selbstbildnisse. Sie begann 1912 mit einem skeptisch dreinblickenden Jüngling mit Nelke in der Hand in der Manier der italienischen Frührenaissance (Abb. 7). Es folgten zweimal Naturburschen, nicht mehr altmeisterlich, sondern im Stil Ferdinand Hodlers. Ebenfalls 1913 präsentierte sich der Künstler als expressionistisch hingehauenen, rauchenden Bohemien im Atelier und im Jahr darauf provokant als ungestümen, kahlgeschorenen Berserker mit riesiger, selbstbewusster Signatur (Abb. 8). Mal erscheint er als Landsertyp in der Art trockenster naiver Jahrmarktsmalerei (Abb. 9) und mal in glühendem Rot vor schwarzem Grund gleich in mehreren Ansichten als allgegenwärtiger finster-grimmiger Dämon aus dem Spiegelkabinett. Schließlich gab er sich 1915 – noch vor dem Fronteinsatz – in einem futuristischen Wirrwarr aus Trümmern, Leichenteilen, Tierkörpern und Blut mythologisch als Kriegsgott Mars aus, der jedoch selbst in den Strudel dieser Weltzerstörung gerät. Und dann folgte 1918 das emphatische Selbstbildnis *Sehnsucht* als Allegorie (Abb. 10): der Kopf blau wie der Himmel, flankiert von den Symbolen des Tages und der Nacht, der Fauna und der Flora. Ein abgehobener Poet des Kosmos.

Gegensätzlicher kann man sich selbst kaum darstellen. Künstler verwandelten sich gern in ihren eigenen Bildern. Rembrandt verkleidete sich und grimassierte, um ein anderer zu sein und mit fremden Erfahrungen bildlich experimentieren zu können. Vincent van Goghs Kopf veränderte von Mal zu Mal das Aussehen, als er, besser: *weil* er in seiner Pariser Phase die bei den bereits avancierten Kollegen beobachteten neuen Bildverfahren an sich selbst erproben wollte. Max Beckmann schlüpfte bildnerisch in verschiedene Rollen, um das Selbstverständnis als Künstler im jeweiligen Zeitkontext zu erkunden.

Ganz anders Dix. Er präsentierte sich selbst in unterschiedlichsten Stilen, Epochen, Bildtypen. Es kommt hinzu, dass er von der feinen, flächigen Lasurtechnik bis zur ruppigen Alla-prima-Geste, direkt nass-in-nass auf die Leinwand aufgetragen, bis zu pastosen, plastisch wirkenden Partien sämtliche Malweisen durchging. Normalerweise würde man sagen, der junge Mann sei als Künstler auf der Suche nach einem eigenen Stil gewesen und habe nach und nach alles – sei es noch so gegensätzlich, wenn nicht unvereinbar – ausprobiert, was ihm in den Weg kam, Kunstgeschichte oder Avantgarde, um den eigenen Weg zu finden.

Dix aber setzte bei der in diesem kunsthistorischen Moment bereits zutage liegenden Gleichzeitigkeit und Gleichwertigkeit der Stilmöglichkeiten an und benutzte sie zur angemessenen Repräsentanz unterschiedlicher Künstlerselbstverständnisse. Er entwickelte keinen neuen Stil, er nutzte vorhandene Stile. Offenbar erkannte er, dass sich bestimmte Eigenschaften – hier das Stille, das Brutale, das Bäuerliche oder das Naive – durch entsprechende Malweisen einprägsam veranschaulichen ließen. So nutzte er die diversen Bildmittel zum Aufrufen ganz unterschiedlicher Typen. Die praktizierte *Verfügbarkeit des stilistisch Heterogenen* und das Verlangen, aus dem *Persönlichen, Individuellen* – hier den Selbstbildnissen – etwas *Typisches* abzuleiten, sollten zur Grundlage seines weiteren Werks werden.

Mit einem solchen Vorgehen unterschied sich Dix zutiefst von der voraufgegangenen Generation der Expressionisten. Für sie gab es nicht diese Wahlfreiheit der Bildmittel, sondern nach dem Durchgang durch van Gogh die zwangsläufige Ausprägung eines eigenen, emotional-identifikatorischen Stils. Auch lag den Expressionisten die Distanzierung von der eigenen Person fern. Wenn sie sich selbst darstellten, ging es ihnen in der Nachfolge von Edvard Munch um ihre eigene Person, ihre eigene Identität, ihre eigenen Leiden – man denke nur an Ernst Ludwig Kirchner oder Ludwig Meidner.

Dix dagegen war auf der Suche nach verschiedenen, nach möglichen Identitäten, immer in gewisser Distanz zu sich selbst. Er meinte am Ende gar nicht sich selbst. Vielmehr wurden – am eigenen physiognomischen Beispiel und damit am jederzeit verfügbaren Modell – Entwürfe von extremen Typen und Rollen außerhalb des Bürgerlichen geschaffen, also Selbstbildnisse als Entwürfe in verschiedenen Idiomen für eine Galerie Unzeitgemäßer und Unangepasster. Sein ganzes späteres Porträtwerk wird schließlich von Sonderlingen und Außenseitern dominiert sein.

Dazu will bedacht sein, dass der junge Dix noch vor dem Krieg als Student an der Kunstgewerbeschule in der Dresdner Galerie Ernst Arnold und im Kunstsalon Emil Richter der Moderne in ihrer ganzen Spannbreite innewerden konnte. Es fanden dort anspruchsvolle Ausstellungen von Vincent van Gogh, Paul Cézanne, Paul Gauguin oder Edvard Munch statt; die legendäre Schau zum italienischen Futurismus machte 1913 auch bei Emil Richter Station; Arnold zeigte 1912 Ferdinand Hodler, Richter 1914 Pablo Picasso. In einem offenbar weitgehend auf Herwarth Waldens *Erstem Deutschen Herbstsalon* beruhenden Überblick *Expressionistische Ausstellung – Die neue Malerei* präsentierte Arnold 1914 Werke unter anderen von Max Ernst, Lyonel Feininger, Wassily Kandinsky, Paul Klee und den Malern der *Brücke* und des *Blauen Reiter*. Alles, was die Moderne an subjektivem Seelenausdruck, an neuen Bildverfahren, Farbexplosionen, Formveränderungen, an Menschengestaltung und Bildverständnis hervorgebracht hatte und gegenwärtig hervorbrachte, fand Dix dort ausgebreitet. Es war die neue Welt der Kunst, in die er aufbrach. Gleichzeitig nahmen ihn in der Dresdner Gemäldegalerie alle großen Epochen und Facetten der Kunstgeschichte in Anspruch.

Als Kandinsky im Almanach *Der Blaue Reiter* 1912 seinen Aufsatz «Über die Formfrage» veröffentlichte, formulierte er einen Grundsatz der Moderne: Es gebe in der Gegenwart keinen Vorrang eines Stils oder einer künstlerischen Verfahrensweise mehr. Kennzeichnend seien vielmehr zwei Pole. «1. die große Abstraktion, 2. die große Realistik», nämlich «das ‹Reinkünstlerische› und das ‹Gegenständliche›». Diese Pole, so Kandinsky, seien zwei unterschiedliche Wege, die zu *einem* Ziel führten. Entscheidend sei in jedem Fall die «innere Notwendigkeit». Der Gedanke war ähnlich im Jahr zuvor bei Beckmann in einem Brief vom 18. April an Harry Graf Kessler aufgetaucht: «Der eine empfindet kosmischer und dramatischer der andere mikroskopischer und lyrischer. Beides ist gleichberechtigt, wenn es nur aus einer innern Einheit entspringt.» Er, Beckmann, habe aus «dem fast bewussten Gefühl» heraus gehandelt, «durch alles hindurchgehen zu müssen, alles bis in's letzte kennen und *können* gelernt [zu] haben um dann ganz man selbst seien zu können», heißt es in einem Brief vom 10. Mai 1919. Auf dieser selbstbewussten Aneignung der Alten Meister und der frühen Erneuerer baute Beckmanns Bemühen um eine die Moderne überwindende Synthese auf. Und auf einer ebenso selbstbewussten Aneignung der Alten Meister und der aktuellen Erneuerer fußte Dix' Eigensinn in der Moderne.

Der Gedanke von der Verfügbarkeit der Stile und damit von der Vollendung der Moderne manifestierte sich im selben Augenblick auch institutionell, und zwar in den ersten umfassenden Ausstellungen, welche die letzten künstlerischen Entwicklungen rekapitulierten, dabei Künstler wie van Gogh, Gauguin, Cézanne und Munch als Klassiker herausstellten und so für das ganze 20. Jahrhundert kanonisierten: die Kölner *Sonderbund*-Ausstellung von 1912, der erwähnte *Erste Deutsche Herbstsalon* 1913 in Berlin sowie die *Armory Show* in New York, ebenfalls 1913. In ihnen wurde die Bilanz der Moderne als einer Synthese der Gegensätze gezogen.

Das ist der Hintergrund, vor dem auch Otto Dix' Werk gesehen werden muss: dem Bewusstsein von der vollzogenen Moderne, von der Verfügbarkeit unterschiedlichster Stile und der Möglichkeit einer lebhaften Synthese als Gewinn aus der vorgefundenen Uneinheitlichkeit. Es wird aber auch an dieser ungewöhnlichen Reihe früher Selbstbildnisse offenbar, dass Otto Dix von vornherein das Äußerste suchte: das extrem Typische und die extrovertierte Überzeichnung.

Einblicke in die Welt der Zerstörung

Im Krieg 1914–1918

Otto Dix wurde im August 1914 zum Militär eingezogen. Er war einer der ganz wenigen deutschen Künstler, die den Ersten Weltkrieg vom Anfang bis zum Ende durchlebten. In Dresden und Bautzen als Schütze an der Schweren Feldhaubitze und am Schweren Maschinengewehr ausgebildet, kam er – ob freiwillig oder abkommandiert, ist bisher nicht ermittelt – im September an die Front, die Westfront. Er kämpfte in der Champagne (östlich von Reims) und nahm 1916 an der Schlacht an der Somme (nordwestlich von Amiens) mit über einer Million getöteten, vermissten oder verwundeten Soldaten teil. Im folgenden Jahr wurde er bei den Kämpfen im Artois und dann in der 3. Flandernschlacht eingesetzt; er erhielt Auszeichnungen wegen Tapferkeit und Pflichterfüllung. Im Herbst 1917 verlegte man seine Einheit ins nördliche Weißrussland, im Frühjahr 1918 zurück in den Westen. Nach einer Kriegsverletzung war Dix erneut an den Stellungskämpfen in Französisch-Flandern beteiligt, wurde zum Vizefeldwebel befördert und schließlich kurz vor Kriegsende zu einer Fliegerabteilung in Westpreußen versetzt.

Während dieser Zeit entstanden an der Front und in Ruhephasen etwa 600 Blätter. «Überall wurde gezeichnet», so Dix später in einem Rundfunkgespräch. Kein anderer Künstler hat es unter diesen Umständen zu einer solch umfangreichen Produktion gebracht. «Meine Arbeiten wachsen mir fast über den

Hals zusammen, ich weiß fast nicht mehr wohin damit», schrieb er im Dezember 1917 an eine Freundin in Dresden. Sie bekam die fertigen Arbeiten zur Aufbewahrung für künftige Zwecke geschickt und versorgte ihn mit den nötigen Arbeitsmaterialien, ca. 28.5 x 28,5 cm großen, dünnen, packpapierähnlichen Blättern. An größere Formate war nicht zu denken. Die Blätter, die Tusche, die Kreiden, die Pinsel, die Farben mussten auf engem Raum verstaut und auch durch Gefahrenzonen ohne Weiteres transportabel sein. Die mit schwarzer Kreide, Zimmermannsbleistift oder schwarzer Tusche geschaffenen Zeichnungen und die farbigen Gouachen unterscheiden sich kaum in den Motiven, sehr wohl aber in den von der jeweiligen Technik bestimmten stilistischen Erscheinungsweisen, und zwar so stark, dass man meinen könnte, sie stammten von verschiedenen Künstlern. Hier setzt sich die künstlerische Disparatheit der frühen Selbstbildnisse fort, nur dass der Stil jetzt nicht den Typus prägt, sondern die Zeichentechnik den Stil.

Folgt man Dix' Äußerungen, seinen Bildern und dem Lebensweg, war er weder Nationalist wie Lovis Corinth noch Patriot wie Franz Marc, gewiss weder Kriegsgegner wie George Grosz, Conrad Felixmüller und Ernst Ludwig Kirchner noch Kriegsdienstverweigerer wie Heinrich Campendonk und Rudolf Schlichter und keineswegs so indifferent-distanziert wie Paul Klee. Dix reagierte nicht politisch, er reagierte als Künstler, anschließend an Nietzsches «dionysischen Vitalismus aus Lebenslust, Tod und Zerstörung», wie Roland März formuliert hat. In einer viel zitierten Äußerung von Dix aus dem Jahr 1961 heißt es, der Krieg sei zwar «eine scheußliche Sache, aber trotzdem etwas Gewaltiges», das er «auf keinen Fall versäumen» dürfe. «Man muss den Menschen in diesem entfesselten Zustand gesehen haben, um etwas über den Menschen zu wissen»; man müsse das «direkt mitgemacht haben». Dix brauchte für seine Kunst den Augenschein und das Erlebnis, auch in den kommenden Jahrzehnten. Wenig später äußerte er: «Ich musste auch erleben, wie neben mir einer plötzlich umfällt und, und weg, und die Kugel trifft ihn mitten. Das musste ich alles ganz genau erleben. Das wollte ich.» Das Erschütternde, Hässliche, Men-

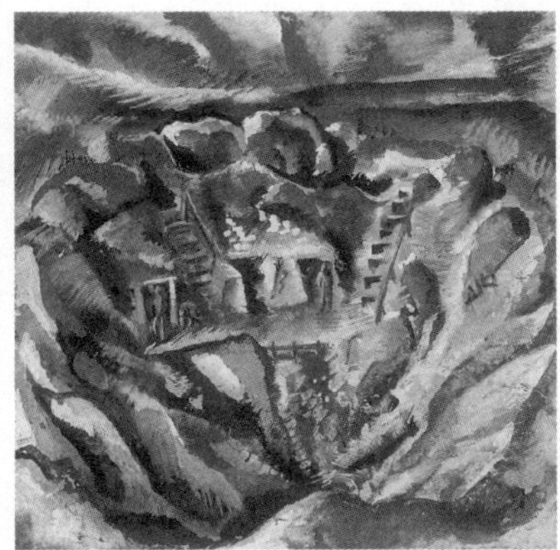

1 – Jägertrichter in Vimy, Gouache 1917, Staatliche Kunstsammlungen Dresden, Kupferstichkabinett

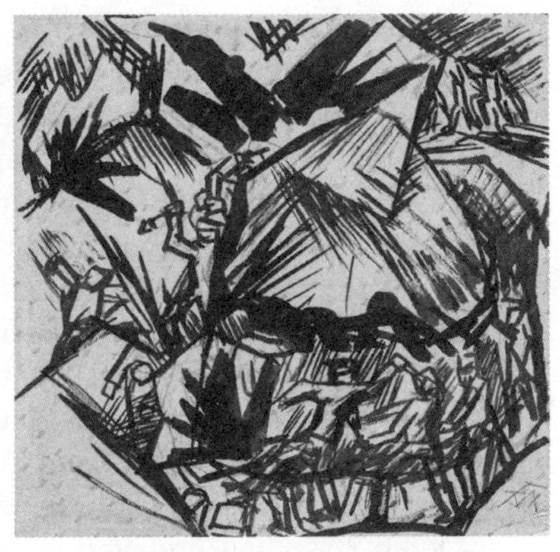

2 – Handgranatenkampf im Graben, Tuschpinsel, 1917, Staatliche Kunstsammlungen Dresden, Kupferstichkabinett

schenunwürdige wollte um der Kunst willen erfahren sein. Deshalb saugte er vor Ort alles zeichnerisch auf. Die außergewöhnlichen Erfahrungen sollten als Erinnerungsstützen und Inspirationen für künftige Werke bewahrt werden.

Menschen spielen in Dix' Arbeiten eine geringe Rolle. In den Kohle- und Graphitzeichnungen sind vor allem Schützengräben, Unterstände und Schanzen oder auch ein Beobachtungsstand mit groben Strichen in ihrer konstruktiven Anlage und im Ineinandergreifen von Natur und militärischem Einbau erfasst. «Es ist», notierte Dix auf einer seiner Feldpostkarten, «eine eigenartige seltene Schönheit, die hier redet.» Es handelt sich bis 1916 hauptsächlich um nüchtern feststellende Aufzeichnungen, Vergewisserungen des noch nie Gesehenen und Erlebten, des Außerordentlichen. Diese Blätter sind mit ihren klobigen Formen durchgehend kubistisch geprägt.

Gegenüber den schwarz-weißen Zeichnungen enthalten die 1914 begonnenen und nur bis zum Kriegsende praktizierten farbigen Gouachen vor allem Eindrücke von den Einwirkungen der Kriegshandlungen auf die Landschaft und die Dörfer

(Abb. 1). Die Gouache hat den Vorzug gegenüber der Kohlezeichnung, dass sie mit der Farbigkeit stärkere Differenzierungen erlaubt, und gegenüber dem Aquarell, dass die Farben deckend eingesetzt werden können und damit einem bildhaften Charakter zuarbeiten. Dix nutzte sie daher als Gemäldeersatz. In den Zeichnungen wie in den Gouachen widmete er sich kaum den Kriegshandlungen und nicht dem modernen Kriegsgerät, auch wählte er nicht die grauenhaft wirkenden, schockierenden Nahansichten, die seinen später entstandenen, erschütternden *Krieg*-Zyklus auszeichnen. Hauptmotive sind die von Schützengräben durchfurchten und von Granattrichtern entstellten Landschaften: die Zustände nach den eigentlichen Ereignissen. Deren Ursachen und Verursacher erscheinen nicht im Bild. So wirken diese Landschaften wie die Überbleibsel apokalyptischer Naturereignisse. Der Krieg erscheint als Naturereignis, nicht als Menschenwerk.

Seinen späteren mündlichen Äußerungen zum Krieg sind keine inneren Wandlungen, gar Wendungen gegen das Kriegsgeschehen oder – wie bei Franz Marc – Einsichten in die Kriegsmotivationen zu entnehmen. Wohl aber den Zeichnungen und Gouachen. Während zunächst noch Gouachen wie das *Grab eines Franzosen* (1915) oder ein betonierter Schützengraben (1916) durch umgebende hell leuchtende Blumen einen symbolischen Akzent erhielten, der auf Ende und Neubeginn, Vergehen und Werden hindeutet – Dix-Interpreten verweisen hier auf den Einfluss Friedrich Nietzsches –, wird die Landschaft, wie Kira van Lil festgestellt hat, ab 1917 «als Trümmerfeld dargestellt, das für viele zum Grab wurde»; das Kriegsterrain sei nun als «Totenlandschaft» begriffen, «als riesiges Grab für Millionen von Soldaten». Die neue aufwühlende Erfahrung, das Außerordentliche, waren jetzt die massenhaften Toten.

In dieser letzten Kriegsphase nutzte Dix neben der Kreide und der Gouache auch die schwarze Tusche, sei es mit dem Pinsel, sei es mit der Feder. Solche Blätter sind radikaler in der motivischen Abkürzung und in der formalen Gestaltung als alle Dix-Arbeiten zuvor. Mit rasch gesetzten, wie bei E. L. Kirchner psychographisch anmutenden Strichen, ist eine Struktur entworfen, in der schemenhaft Figuren auftauchen (Abb. 2). Die Bewegungsimpulse der scharfen Linien übermitteln Ängste und Bedrohungen; die Titel sprechen häufig von Untergängen. Anders als die früheren Kreidezeichnungen und die Gouachen zeugen diese Tuschzeichnungen von unmittelbarer Erschütterung.

Gleichwohl sind die Arbeiten aus dem Krieg insgesamt momentane Reflexe, direkte Bilder ohne bestimmte Wirkungsabsichten wie im Fall des einige Jahre später folgenden *Krieg*-Zyklus. Etwas Erlebtes, Außerordentliches will mit bildnerischen Mitteln ganz persönlich festgehalten werden – mehr nicht. Noch analysierte Dix nicht die Ereignisse und die Gesellschaft, er wuchs erst in sie hinein.

Das prothetische Bild; die Groteske

Die *Krüppel*-Gemälde von 1920

Anfang 1919 kehrt der 27-jährige Otto Dix nach Dresden zurück. Hatte er zuvor an der Kunstgewerbeschule studiert, nimmt ihn jetzt die Staatliche Akademie der Bildenden Künste an der Brühlschen Terrasse auf. Er wird alsbald Meisterschüler des in der Dekorationsmalerei erfahrenen Otto Gussmann. Damit ist ein Einzelatelier in den ehemaligen Technischen Lehranstalten am Antonsplatz 1 verbunden. Mit Conrad Felixmüller, Lasar Segall und anderen gründet er die *Dresdner Sezession. Gruppe 1919,* um einen gemeinsamen künstlerischen Neubeginn wider die alten Kräfte und auch wider den – in Dresden vor dem Krieg von der *Brücke* begründeten – Expressionismus zu propagieren. Man organisiert Ausstellungen, zu denen man Gäste wie George Grosz oder Kurt Schwitters einlädt, man verfasst ein Statut («Hauptgrundsätze sind: Wahrheit – Brüderlichkeit – Kunst»), publiziert Lyrik und Essays, und man versichert sich wichtiger Unterstützer. Der Dresdner Kritiker Will Grohmann gehört ebenso dazu wie der Direktor der Städtischen Kunstsammlung Paul Ferdinand Schmidt, der 1923 die erste Dix-Monographie veröffentlichen sollte. Dank freundschaftlicher Beziehungen nach Berlin nähert man sich in Haltung und Diktion der dortigen Dada-Bewegung. Dix wird sein großformatiges, in Dresden entstandenes Gemälde *Die Kriegskrüppel* (*45% erwerbsfähig*) 1920 auf der *Ersten Internationalen Dada-Messe* in der Berliner Kunsthandlung Dr. Otto Burchard gemeinsam mit Grosz' ebenso säkularem *Deutschland ein Wintermärchen* präsentieren (beide Werke sind verschollen).

Dix ging zunächst noch nicht an die bildnerische Verarbeitung der Kriegserfahrungen, sie sollte wenige Jahre später, 1923/1924, mit dem Gemälde *Schützengraben* und dem graphischen Zyklus *Der Krieg* einsetzen. Vorerst befasste er sich in seinen Gemälden – wie übrigens in diesem Moment auch Max Beckmann – vornehmlich mit der Situation unmittelbar nach dem Kriegsende. Er tat es wiederum, dem Motiv entsprechend, mit sehr speziellen, für ihn neuen Bildmitteln. Die Hauptwerke, die alle aus dem Jahr 1920 stammen, sind: *Prager Straße* im Kunstmuseum Stuttgart (Abb. 3), *Die Skatspieler* in der Neuen Nationalgalerie Berlin (Abb. 11), *Die Kriegskrüppel,* deren Verbleib unbekannt ist, *Der Streichholzhändler I* in der Staatsgalerie Stuttgart sowie *Die Barrikade* (1950 zerstört). Nimmt man Letzteres aus, sind das Hauptmotiv Kriegsversehrte, «Krüppel». Der Erste Weltkrieg hinterließ in Deutschland mehr als zwei Millionen «Kriegsinvaliden», wie sie offiziell hießen. Mit ihren fragmentierten Organen, ihren Prothesen und ihrem Elend bestimmten sie insbesondere in den Großstädten das neue öffentliche Bild. Weil man ihnen die schrecklichen Schäden des Kriegs ansah, galten sie, die verstümmelt überlebenden Opfer, vielfach als Ausschuss der modernen Gesellschaft. Alltäglich erinnerten und mahnten sie auf den Straßen unvermeidlich an den Krieg, der eigentlich vergessen sein wollte – ein andauerndes Skandalon.

In *Prager Straße* – benannt nach der damals belebtesten Dresdner Geschäftsstraße – stehen zwei entstellte männliche Figuren im Zentrum: die vordere, wilhelminisch anmutende mit Melone und Schnauzbart hat keinen Unterleib, bewegt sich auf einem kleinen Rollwagen, die andere hält sich mit Holzbeinen

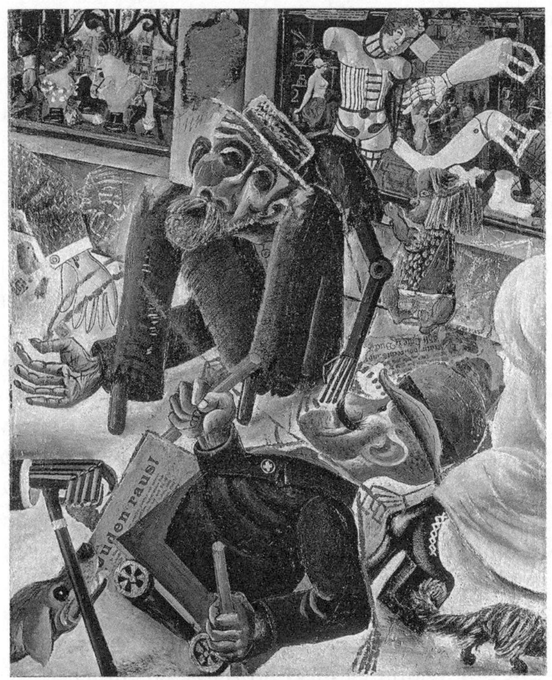

3 – Prager Straße, 1920, Kunstmuseum Stuttgart

und einer Armprothese, die noch vorhandene Hand bettelnd ausgestreckt. Überhaupt ist alles fragmentiert: die Frau zur Rechten mit überhohen Absätzen und rosa Kleid, die Hände am linken Bildrand und noch die zwei Hunde, vor allem das vielfältige Inventar der beiden Schaufenster. Der Torso im rechten Fenster mit einer Art Stützkorsett und einer Krücke, dem zwei Armprothesen zugeordnet sind, thematisiert das Stückwerk, die vordere, nach hinten abkippende Figur das Schwankende dieser vollständig zerrütteten und kaputten Welt: fragmentiertes Bildinventar als Antwort auf die Fragmentierung der Wirklichkeit.

Das Bild ist mit Öl auf Leinwand gemalt – und dennoch collagiert. Bedrucktes Papier ist eingeklebt, Silberpapier findet sich an den Rädern des Wägelchens und an den Schaufenster-Prothesen, echtes Haar schmückt die Abbildung zweier Damen im linken Fenster, das Skelett mit Sichel am Boden ist mit Leuchtfarbe aufgetragen. Darin macht sich der Einfluss Dadas bemerkbar, doch ist der wesentliche Unterschied, dass Dix nicht dada-gerecht das alte Bild durch den Umstieg von der Malerei auf die Collage verwarf; er hielt vielmehr an der Malerei fest, die er durch eigens sprechende Elemente und Materialien bereicherte; er stellte die Dadamittel in den Dienst des immer noch gemalten Bildes, das damit ausdrücklich als Konstrukt ausgewiesen ist.

In der *Prager Straße* wie in den *Skatspielern* lag Dix offensichtlich daran, die Aktualität und den Zeitbezug hervorzuheben. Der Ausriss mit der Schlagzeile «Juden raus!» entstammt einem Aufruf der SPD zur ersten regulären Reichstagswahl in der Weimarer Republik im Juni 1920, der allerdings nicht antisemitisch gemeint war, sondern plakativ als Wahlkampfversprechen die Auseinandersetzung der SPD mit dem virulenten Antisemitismus ankündigte; dessen ungeachtet schrieb Dix dem wilhelminischen Krüppel die nun antisemitisch wirkende Parole zu. Der andere Ausriss aus einem ebenfalls sozialdemokratischen Flugblatt zu denselben Reichstagswahlen ruft zur Wahlbeteiligung auf. Damit ist das Bild zeitgeschichtlich datiert.

Was die Machart angeht, so befremden und verwirren die Techniken. Gemaltes ist überklebt, Überklebtes bemalt, Ölfarbe von Leuchtfarbe begleitet, eingefügte Fotos wurden farblich bearbeitet, Graffiti mit verdünntem Öl imitiert. Besonders in den Schaufenstern häufen sich die Materialien und die Techniken; schwarze Silhouetten von Männern verdunkeln die Szene. Insgesamt erwecken die vorwiegend dunklen Töne einen trostlosen Eindruck, zumal die helleren, das Rosa am rechten und das Grün am linken Bildrand, den Fliehenden gehören. Die Zustände sind nicht triumphierend beobachtet, sie deprimieren, auch gibt es keine Hoffnung; selbst das Kind vor dem Schaufenster versagt sie durch seine deformierten Glieder.

Es heißt, Dix habe im Hinterzimmer eines Dresdner Cafés drei Krüppel mit Hilfe ihrer Prothesen Skat spielen sehen und danach sogleich eine Skizze als Vorzeichnung zum Gemälde *Die*

Skatspieler angefertigt. Drei ehemalige Offiziere in Zivil sitzen ramponiert um einen kleinen Tisch (Abb. 11): der linke blind und taub, mit einer Armprothese, der rechte ohne Unterleib, mit einer verstümmelten und einer künstlichen Hand, aber noch mit Eisernem Kreuz ausgestattet, der mittlere ohne Arme und Unterschenkel, mit einem Glasauge und künstlichem Kiefer. Die schaurigen Verstümmelungen nehmen kein Ende, Prothesen, wo immer man hinschaut: Fragmentierungen. Man spielt trotz allem Skat. Im Unterschied zur *Prager Straße* ist damit ein Handlungsrahmen gesetzt. Und der direkte Zeitbezug ist durch die eingeklebten, angeschnittenen Titelseiten dreier Tageszeitungen – aus Dresden und Berlin – von den ersten Maitagen 1920 gegeben; datiert ist das Werk rechts unten mit «1920». So ist ein für alle Male festgehalten: Dieses Bild wurde in der unmittelbaren Nachkriegszeit geschaffen; es bezeugt die zerrüttete gesellschaftliche Situation zu diesem Zeitpunkt in Deutschland. Im März brachte der von regierungsfeindlichen Kräften gesteuerte Kapp-Putsch die republikanische Weimarer Republik an den Rand eines Bürgerkriegs, bei den Reichstagswahlen im Juni 1920 gab es einen deutlichen Rechtsruck: Der politische Ausgang der Republik war in diesem Moment ungewiss.

Das kleine fotografische Selbstporträt auf dem Aufkleber, der den künstlichen Kiefer der rechten Figur markiert, ist mit einer Inschrift versehen: «Unterkiefer: Prothese Marke: Dix. Nur echt mit dem Bild des Erfinders». Das Selbstbildnis beglaubigt ironisch die Authentizität der persönlichen Wirklichkeitserfahrung, und damit wird das Bild als individueller Blick auf eine historische Situation herausgestellt. Denn das fotografische Selbstbildnis (das auch in der *Prager Straße* auftaucht) sagt: Ich habe es gesehen, ich habe es erlebt, und es ist so, wie ich es mit meinen Mitteln wiederzugeben vermag. Wie Goya in den *Desastres* bekundet hatte: «Yo lo vi»/«Ich sah es».

Wieder stattete Dix die Bildfläche mit verschiedenen Materialien und Materialeffekten aus. Die Spielkarten, die Zeitungen, Papier mit Silberpapier und dem Selbstbildnis sowie das Dresdner Notgeld der Zeit auf dem Tisch sind aufgeklebt. Aufgenäht hat Dix eine Stoffimitation aus Papier als Bekleidung der rechten Figur, während das Jackett des linken Spielers mit einer solchen Textilimitation gestempelt wurde, also mal die Imitation selbst und mal der Abklatsch der Imitation. Dagegen hat bei der mittleren Figur die pastos aufgetragene Farbe mit Hilfe des Pinselstiels eine leinenartige Struktur erhalten – hier also die Anmutung von Textil durch malerische Mittel. Die Lampe mit dem Totenkopf und das Liebespaar im Kopf der mittleren Figur sind mit phosphoreszierender Leuchtfarbe angelegt.

Dix arbeitete zwar mit der Collagetechnik, aber nicht um – wie etwa Kurt Schwitters – daraus ein neues Formgebilde eigener Gesetzlichkeit zu entwickeln, sondern um durch das verwirrende Beieinander von Realien, Leucht- und Glitzereffekten sowie Imitationen und Abklatsch, also uneigentlichen Bildmitteln, bei weiterhin dominierender Malerei das Zerstückelte der Welt und des Bildes von der Welt krass vor Augen zu führen. Indes malte er alle Einzelelemente stilistisch uneinheitlich, nicht in einem durchgehenden Duktus oder gar Schwung. Das Gemalte ist also nach Anleitung der Collage angelegt und damit als zeitadäquates Konstrukt ausgewiesen. Im Ganzen hielt Dix am herkömmlichen Bild fest, imitierte aber malend die Collage, die ihrerseits de facto das Gemalte inhaltlich bereicherte.

Damit begründete er eine neue synkretistische Bildpraxis, die sich nun nicht mehr auf mehrere Werke (wie bei den frühen Selbstbildnissen) oder auf unterschiedliche Werkgruppen (wie während des Kriegs) verteilt, sondern in jedem Werk selbst wirksam wird. »Ich sammle fortwährend, und aus dem Gesammelten wird das Ganze», formulierte Dix und machte damit selbst diesen synkretistischen Charakter namhaft. Der Kunstkritiker Curt Glaser drückte es im *Berliner Börsen Courier* 1924 anlässlich einer Ausstellung von Dix' Aquarellen in Berlin anders aus, indes läuft es auf dasselbe hinaus: «Er kann viel, aber kann vermutlich zu viel, weil er alles kann.» Er musste alle Techniken beherrschen – um den distanzierten Umgang mit den jeweils notwendigen, optimal wirksamen Bildmitteln zu erreichen.

Während die Dadaisten jeder traditionellen Bildform und jedem Inhalt radikal den Garaus machen wollten, setzte Dix mit seiner speziellen Bildsprache, der Verflechtung disparater Fragmente, nicht nur weiterhin auf das dadurch erweiterte herkömmliche Bild, er bestand vor allem auf dessen Inhaltlichkeit. So sind die eingeklebten Ausrisse eben keine zufälligen oder nach ästhetischen Aspekten ausgewählten Fundstücke, sondern inhaltlich gezielt eingesetzte Bildelemente («Juden raus!»). Und indem Dix für das Jackett des rechten Skatspielers eine Stoffimitation aus Papier aufnähte, hielt er die Nachkriegszeit fest, in der solche Papiertextilien notdürftiger Ersatz für Stoffe waren. Mit der Begründung dieser eigenen Bildwelt reagierte Dix auf die unmittelbare Nachkriegswirklichkeit, mit einer Bildwelt, die auf der subjektiven Verquickung von Deformationen, Übertreibungen, Anspielungen, uneigentlichen Elementen, Sondereffekten und grotesker Häufung beruhte.

Mit der Figur des Krüppels schuf Dix ein personifiziertes Inbild der Zeit. Der rundum entstellte und fragmentierte Körper mit seinen mechanischen Ersatzteilen steht wie keine andere Gestalt mahnend für die moralischen, gesellschaftlichen und politischen Schäden und die individuellen Versehrungen als Folgen des Ersten Weltkriegs. Dabei wurden die inhaltliche Stoßkraft und die Zeitpolemik durch die groteske Überzeichnung entschieden verstärkt. Der Krüppel aber ist gleichermaßen das Inbild der synkretistischen Bildpraxis, der er seine Bildpräsenz verdankt: Er personifiziert das Fragmentarische und Behelfsmäßige und widersinnig Zusammengefügte in Dix' Malerei der Nachkriegszeit: prothetische Malerei.

Dass dahinter ausdrücklich ein Programm steht, veranschaulicht das Gemälde *Der Lustmörder (Selbstbildnis)* aus demselben Jahr 1920 (Abb. 4). Im modischen Anzug (der Malerkollege Otto Griebel berichtet in seinen Lebenserinnerungen, der Anzug habe im Dunklen geleuchtet, weil Dix die Farbe mit Phosphor versetzt hatte), mit Schlips und Kragen und in Gamaschen wütet ein Mann – der Maler selbst – mit einem Messer, das Gesicht blutüberströmt: Er hat von seinem Opfer den Kopf, eine Brust, die Arme und die Beine und von einem Arm noch einmal die Hand und von einem Bein den Fuß abgetrennt; ein Arm hat sich am Garderobenhaken, eine Hand in einer Vase verfangen. Geblieben ist ein Torso. Auf mehreren Leichenteilen hinterließ Dix seinen Handabdruck. So könnte der Maler dank eines kriminologischen Verfahrens eindeutig als der Täter identifiziert werden: Faktisches pointiert das fiktive Bild.

Der Torso muss als das weibliche Pendant zum Krüppel verstanden werden. Der Krüppel ist das noch lebende Entstellte, das Mordopfer die zum Tod Entstellte. Wo Dix den Krüppel zum Inbild der furchtbaren Kriegsfolgen machte, vollzog er am weiblichen Körper mit Hilfe der zeitgenössischen Bildmittel die Zerstückelung des kulturell und besonders kunsthistorisch hochgeschätzten, schönen weiblichen Akts. Das stilistisch einheitliche alte Bild wurde damit exemplarisch demontiert, und zwar nun nicht mehr durch das Prinzip Collage, also das Zusammenfügen des Heterogenen, sondern im Gegenteil: durch die Dekomposition, nämlich das Zerlegen eines natürlichen Ganzen.

Nun ist bei diesen Bildern nicht zu übersehen, dass sich mit dem Makabren das Lächerliche und das Widersinnige verquicken. Die zwei Krüppel lagern nirgendwo anders als vor einer Prothesenhandlung, und die Leuchtfarbe erzeugt alberne Effekte am grausigen Motiv (*Kriegskrüppel*); das Kartenspiel wird mit deformierten oder mechanischen Gliedern betrieben, und in den Köpfen der entstellten Skatspieler haust eine nackte Frau beziehungsweise ein kopulierendes Paar (*Skatspieler*). Mit den Verzerrungen, Fragmentierungen, Überzeichnungen, entstellenden Eingriffen und Wendungen ins Absonderliche nutzte Otto Dix die Gattungseigenschaften der Groteske. Die Groteske zeigt die Welt entfremdet. Ihr ist um der Einsicht willen die satirische Überzeichnung ebenso eigen wie das Abweichen von allgemeinen Ordnungsvorstellungen, das Widersinnige sowie die Verdrehung von Situationen und Konstellationen mit Hilfe künstlerischer Mittel – um der grausig-komischen oder der beklemmenden Wirkung willen. Die enthüllende Groteske hat ihre eigene Tradition vom Mittelalter über Hieronymus Bosch und Pieter Brueghel bis Francisco de Goya und James Ensor.

Dix selbst fand, viele seiner Bilder trügen «doch eine manchmal burlesque oder groteske Note»; das «Komische an grausi-

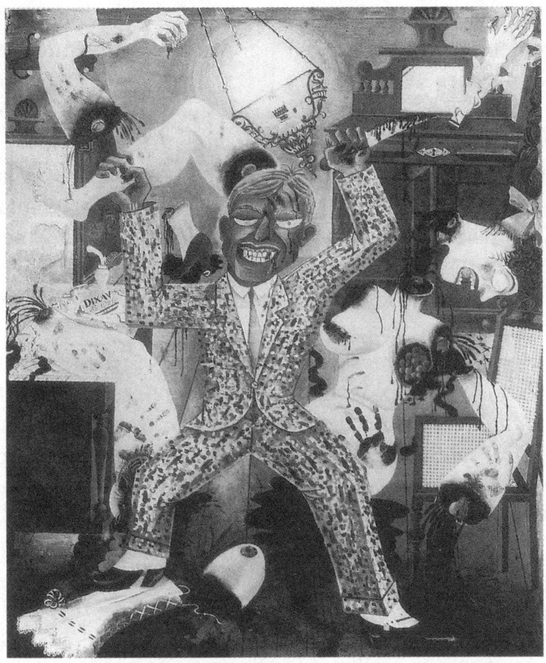

4 – Der Lustmörder (Selbstbildnis), 1920, Verbleib unbekannt

gen Dingen» sei, was er für wichtig halte, was ihm läge und seine Eigenart sei – «Jaa, das ist doch auch eine *Lust* am Grotesken: wie immer alles auf der Welt dialektisch ist! Wie die Gegensätze nebeneinander stehen!» Das synkretistische Verfahren scheint eigens entwickelt, um Entstelltes und Lächerliches überraschend im Bild zusammenzubringen.

Den Expressionisten war sie fremd, den Kritikern des Expressionismus war sie ein geeignetes Gegenmittel: die Groteske. Im Werk von George Grosz, Rudolf Schlichter oder Georg Scholz spielt sie eine maßgebliche Rolle. Auch Grosz arbeitete mit Fragmentierungen, Übertreibungen, Stückelungen, drastischen, die kritisierten Stände lächerlich machenden Kontrasteffekten, etwa in *Stützen der Gesellschaft* von 1918 (Neue Nationalgalerie Berlin) oder in *Deutschland, ein Wintermärchen* von 1926 (verschollen), zwei Gemälden, die die Zeitumstände genauso treffend wiedergeben wie Dix' *Skatspieler* und *Kriegskrüppel*. Wobei auch Grosz in die Malerei Zeitungsausschnitte einflocht, die den Wahrheitsgehalt und die Zeitgenossenschaft zu bezeugen haben. Grosz aber neigte mit Mitteln der Karikatur zu einer umfassenden Gesellschaftsanalyse auf der Grundlage einer festen politischen Haltung, während Dix das ganz und gar zeitspezifische Motiv – den Krüppel – nutzte, um als kritischer Beobachter ein Bild von der schwierigen historischen Situation in Deutschland zu evozieren.

Der Hang zur Groteske artikuliert sich in den Nachkriegswerken von Otto Dix in besonders prägnanter und auffälliger Weise. Indes geht er mit dem Ende der *Krüppel*-Bilder nicht zur Neige. Als Prinzip der künstlerischen Weltdeutung durchzieht die Groteske das gesamte weitere Werk der Zwanzigerjahre. Mag Dix auch noch so oft auf den Realismus festgelegt worden sein – sein eigentlicher Übermittlungsmodus ist in dieser Zeit die Groteske als überraschende Vereinigung des Wahren und des Lächerlichen.

Was aber die Haltung des Künstlers zum aufgegriffenen Wirklichkeitsthema angeht, so vereint die Groteske zwei Sichtweisen: die eine ist der stechend kritische, womöglich Partei ergreifende Blick auf die Realität, die andere ist die aus der kritischen Einsicht entwickelte Distanzierung, das Darüberstehen. Beides gemeinsam macht die Groteske aus. Das aber bedeutet: Überwiegt das Parteiergreifen (wie bei Grosz), so offenbart sich die politische Absicht. Halten sich jedoch beide Sichtweisen die Waage, wird die Haltung des Künstlers als eine ambivalente wahrgenommen. Das gilt für Otto Dix. Denn was immer er in der Nachkriegsphase kritisch aufnahm, behandelte er lustvoll, mit der Freude am Widersinnigen, in seinen eigenen Worten: mit «*Lust* am Grotesken». Daher wird mit der Groteske die inhaltliche Ambivalenz sein Werk der Zwanzigerjahre prägen, und zwar, wie sich zeigen wird, dermaßen wirkungsreich, dass die Deuter in entscheidenden inhaltlichen Fragen uneins blieben.

Noch im Jahr der Entstehung konnte Otto Dix diese Werke

öffentlich präsentieren: den *Streichholzhändler* in der Darmstädter Sezession, die *Kriegskrüppel* auf der *Ersten Internationalen Dada-Messe* in Berlin, die *Barrikade* und *Skatspieler* auf der *3. Ausstellung der Dresdner Sezession* in der Dresdner Galerie Arnold. Interessanterweise flankierte er auf der *Berliner Secession* 1921 das sehr große *Barrikaden*-Bild mit den kleineren *Skatspielern* und der *Prager Straße,* als handele es sich um ein Triptychon. Es liegt nahe, dass er damit eine inhaltliche Absicht verband: in den außen hängenden Tafeln die schrecklichen Auswirkungen des soeben beendeten Kriegs, in der Mitte die aktuellen – noch nicht definitiv entschiedenen – Straßenkämpfe um die Republik. So gab Dix der Zeit des Umbruchs und der Ungewissheiten das große zusammenfassende Bild.

Die Kunstkritiker reagierten auf diese Werke zumeist ablehnend oder ratlos, jedenfalls kam es vorerst nicht zu jener weitreichenden Erregung, die Dix' Frauenakte wenig später auslösen sollten. Immerhin wurde Dix von Paul Ferdinand Schmidt im *Cicerone* 1920 wegen seiner «grausamen Zeitbilder» als eine «Erscheinung, eine der merkwürdigsten unserer Zeit» angesehen, und Willi Wolfradt erkannte schon 1924 «das Einschlagen dieses Outsiders in die Moderne». Allen Versuchen, Dix zum Naturalisten oder Realisten oder Neusachlichen oder Veristen zu stempeln, hätte mit dieser Formulierung bereits der Wind aus den Segeln genommen werden können: «das Einschlagen des *Outsiders* in die Moderne».

Angesichts der Tatsache, dass säkulare Werke zur deutschen Nachkriegsthematik wie *Die Kriegskrüppel* und *Die Barrikade* verschollen sind oder vernichtet wurden, also aus dem Blick geraten sind und nicht mehr durch die Anschauung stets neu zur Wirkung gebracht werden können, möchte man eine Ausstellung erdenken, in der sie beisammen hängen würden: von Dix *Die Kriegskrüppel* und *Die Barrikade* neben der *Prager Straße* (Kunstmuseum Stuttgart) und den *Skatspielern* (Neue Nationalgalerie Berlin), von Grosz *Deutschland, ein Wintermärchen* (Verbleib unbekannt) neben *Stützen der Gesellschaft* (Neue Nationalgalerie Berlin), dazu von Max Beckmann *Die Nacht* (Kunstsammlung Nordrhein-Westfalen, Düsseldorf) und von Hannah Höch der *Schnitt mit dem Küchenmesser Dada durch die letzte Weimarer Bierbauchkulturepoche Deutschlands* von 1919 (Neue Nationalgalerie Berlin) – alle zusammen böten eine einzigartige, höchst komplexe bildliche und ebenso komplexe bildnerische Zeitanalyse der unmittelbaren Nachkriegsphase voller Einsichten, Kritik, Witz, Schärfe, Hohn, Drastik, Radikalität.

Überschärfe und Attacke

Die *Salon*-Bilder 1921/1922

Über den Freund Conrad Felixmüller in der Dresdner Sezession bekam Dix Kontakt mit Otto Pankok, Gert Wollheim, Karl Schwesig und weiteren Künstlern der ebenfalls 1919 gegründeten Gruppe *Das Junge Rheinland* in Düsseldorf. Deren Mittelpunkt war Johanna («Mutter») Ey, die eine Kaffeestube nahe der Kunstakademie betrieb und dann auch eine Kunsthandlung eröffnet hatte. Sie wurde zu einem der ersten Förderer von Dix. Im Zusammenhang mit einer Reise nach Düsseldorf erhielt er den Auftrag, den dort ansässigen Arzt und Felixmüller-Sammler Dr. Hans Koch zu porträtieren; Koch sollte bald darauf Dix' *Salon I* (Abb.) und *Salon II* erwerben, von denen gleich noch die Rede sein wird. Kochs Frau Martha wurde nach ihrer Scheidung 1923 Dix' Ehefrau.

Die vom *Jungen Rheinland* herausgegebene, gleichnamige Zeitschrift veröffentlichte 1922 einen Aufsatz mit dem Titel «Der Dadaist (Otto Dix)», in dem der Künstler von einer Autorin namens Ilse Fischer – wohl ein Pseudonym, das jedoch bisher nicht definitiv aufgeschlüsselt werden konnte – sehr genau und eingehend mit der Emphase der Zeit und vermutlich ganz im Sinne des Künstlers charakterisiert wurde: Persönlich sei er ein «rücksichtsloser Triebmensch» und zugleich «nüchterner Analytiker». Als «Proletarier von Geburt» hasse er die Bürgerlichen, ihre Konventionen und Verlogenheiten; den Bürger empfinde er «stets als ihm feindlich gesinnt». Gleichwohl habe er «ein Bedürfnis nach extravaganter Eleganz», das er sich durchaus auch mit «abgelegten Kleidungsstücken kunstpflegender Bürger» erfülle. Dem «Zugehörigkeitsgefühl zur Arbeiterklasse wirken seine verfeinerten Lebensansprüche und seine ungeheure Sensibilität entgegen», auch ertrage er nicht «den engen Horizont, den unselbständigen Masseninstinkt» der Proletarier. «So bewegt er sich entwurzelt zwischen den Klassen». Folgerichtig greife er «rebellisch [...] jedes formulierte geistige System» an. In seinem Werk fänden sich «alle Töne vom Widerlich-Lächerlichen bis zum Schmerzlich-Ekelhaften».

Noch in diesem Jahr 1922 siedelte der jetzt 31-jährige Otto Dix mit Martha nach Düsseldorf über. Er wurde Meisterschüler an der Kunstakademie bei Heinrich Nauen, wohl vor allem weil damit ein Akademieatelier verbunden war. Bei Wilhelm Herberholz lernte er zusätzliche graphische Techniken, vor allem die Aquatina, was ihm beim *Krieg*-Zyklus wesentlich zugutekommen sollte.

Die Düsseldorfer Phase, die 1925 mit dem Weggang nach Berlin endete, ist entscheidend für Dix' gesamtes weiteres Werk, denn hier wurde die dichte Folge der bereits in Dresden begonnenen *Salon*-Bilder mit ihrem einzigartigen Dix-Ton fortgesetzt, es entstanden die ersten großartigen Bildnisse, die Radierungen zum *Krieg*-Zyklus (Abb. 19 und 20) sowie eine Serie herausragender Aquarelle; außerdem wurde das *Schützengraben*-Bild fertiggestellt (Abb. 14). Die Hurenbilder und der *Schützengraben* erregten die Öffentlichkeit und beschäftigten die Gerichte. Erste kleine monographische Publikationen erschienen 1923 von Paul Ferdinand Schmidt und 1924 von Willi Wolfradt. Nicht nur Johanna Ey in Düsseldorf, auch Karl Nierendorf und J. B. Neumann in Berlin nahmen sich des Werks an; die Nationalgalerie präsentierte 1924 im Berliner Kronprinzenpalais etwa 40 Aquarelle. So wurde Dix in dieser Düsseldorfer Phase eine feste Größe in der Kunstwelt und im Kunstbetrieb.

Das für Dix' Selbstverständnis als Künstler bezeichnende und mitteilsamste, also das programmatische Werk aus dieser Zeit trägt den – natürlich ironisch gemeinten – Titel *An die Schön-*

heit (Abb. 12). In der Mitte er selbst, der Künstler, jedoch nicht im Malerkittel und nicht im Atelier, sondern im modischen Anzug mit Krawatte in einem gründerzeitlich anmutenden Etablissement, umgeben von einem schwarzen Schlagzeuger und von Tanzenden. In einem Brief noch aus Dresden schrieb er Martha 1922, er sei gerade im Zirkus gewesen, «schöne Luftakte, Seilakte [...], sehr schöne Schleuderbrettgruppe, viel Licht, Farbe Trikots, Nickelgerät, Seile, Trapeze und Strickleitern», danach habe er im Café über «konstruktive Perspektiven» nachgedacht, «weil ich nämlich gerade an meinem Jazz-Bands Bild zu konstruieren habe».

Im bürgerlichen Habit tritt der Maler in diesem Bild inmitten der von ihm geschätzten Welt des Scheins und des Glanzes auf. Der scharfe, schräg aus dem Bild hinausgehende, auf uns gerichtete Blick und das energisch vorgeschobene Kinn weisen ihn als distanzierten Beobachter aus, geschäftsmäßig ausgestattet mit Telefon; herausfordernd steht er zwischen der Unterhaltungswelt und uns, den Betrachtern. Schon farblich ist er abgehoben von seinem Ambiente mit den voneinander isolierten Figuren in unterschiedlichen Realitätszuständen: dem lebhaft agierenden – wie das Anzugtüchlein und das Indianerbild auf dem Schlagzeug andeuten: amerikanischen – Jazzmusiker, der im Gegensatz dazu roboterhaften Tanzenden im Korsett und dem erstarrten Kellner dahinter, dem puppenartigen Tanzpaar links und der Frauenbüste (die in einer Vorzeichnung durch ihre Plinthe noch deutlich als künstlich, als Friseurbüste ausgewiesen ist). Das Modell, das mit uns liebäugelt, wirkt wie ein Mensch, die menschlichen Figuren erscheinen wie Puppen. Was Dix die «konstruktive Perspektive» nannte, ist vermutlich das die Szene prägende Wechselspiel von künstlichem Schein und Wirklichkeit, Illusion und Desillusion.

Dazu tragen die bildnerischen Mittel entschieden bei. Die Büste wirkt wie hineinmontiert, also collagiert; der Anzugstoff ist präzis getupft, als sei er tatsächlich eingeklebt, also ein Imitat; das Telefon bekommt durch aufgetragene Silberfolie den Anschein des Realen, ebenso der Schalltrichter; das Hütchen der linken Tänzerin strahlt gleichfalls den Glanz des Silberpapiers

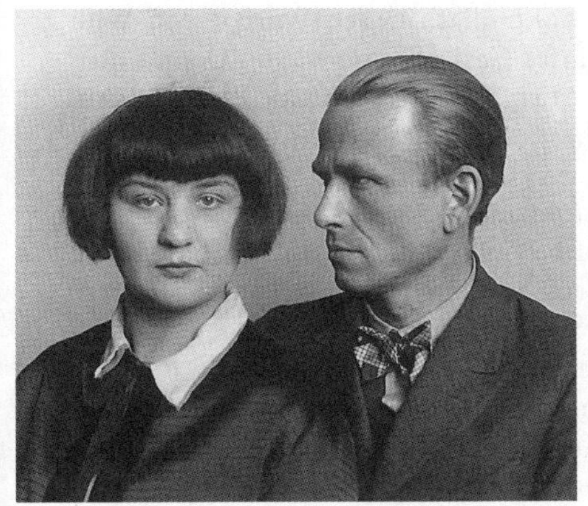

5 – August Sander: Malerehepaar (Martha und Otto Dix), Foto, 1925

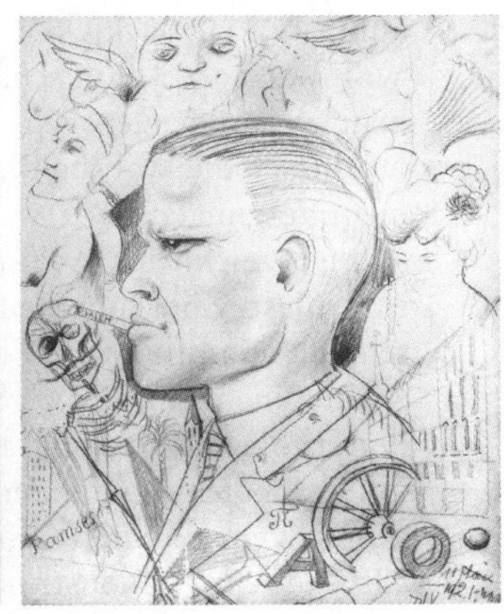

6 – Selbstporträt in der Großstadt, Bleistift 1921, Privatbesitz

aus. Aber nicht mehr das Stückwerk und das Schwankende machen – wie noch im Jahr zuvor – das Bild von der zeitgenössischen Welt aus. Jetzt gibt es ein Bildkontinuum, in dem die imitatorischen Collageelemente ein selbstverständlicher bildnerischer Bestandteil mit allerdings einer eigenen Funktion geworden sind: Sie lassen den doppelten Boden dieser Welt der zeitgenössischen Unterhaltung erahnen. Weit davon entfernt, sich als Bohemien zu geben, setzt sich der Dargestellte, der Autor dieses Werks, bewusst als nüchterner Zeitgenosse und kritischer Beobachter in Szene, der den bürgerlichen Glamour als Schein und Illusion zu entlarven angetreten ist.

Was den besonderen Blick des Künstlers angeht, so ist das Heranziehen der Fotografien aufschlussreich, die in dieser Zeit etwa Hugo Erfurth oder August Sander von Dix machten (Abb. 5). Der Vergleich erweist den Grad der Selbststilisierung. Die zahlreichen gezeichneten Selbstbildnisse im Profil zeigen den Künstler wieder und wieder mit stechendem Blick, energisch-konzentriert zusammengezogenen Augenbrauen zur Unterstützung dieses Blicks sowie mit vorgeschobenem Kinn, das äußerste Hartnäckigkeit ankündigt, in den Worten von Willi Wolfradt 1924: «Ein scharfes Gesicht, eine wie im Unmut drohend zusammengezogene Stirn, unter der schmale Blicke lauern. Die fassen die Wahrheit hart, mit Todesverachtung und grausamem Vergnügen.»

Im gezeichneten *Selbstporträt in der Großstadt* von 1921 sind diese Züge überdeutlich ausgeführt (Abb. 6); Fragmente seiner Bildmotive vom Eros bis zum Tod umgeben den Dargestellten in einem Wirbel. So prägnant aber sah er nach Ausweis der Fotos beileibe nicht aus. Die Selbstbildnisse sagen in erster Linie: Meinem bohrenden, dem eindringenden Blick des zeitgenössisch eingestellten Künstlers entgeht ihr nicht, entgeht nichts, ich bin euren Konstrukten, eurer doppelten Moral, euren Schwächen und Ungeheuerlichkeiten von Anfang bis Ende auf der Spur (von «A–O», wie in der Zeichnung zu lesen) und werde nicht nachlassen, bis alles aufgedeckt ist. «Der Maler ist das Auge der Welt. Der Maler lehrt die Menschen sehen, das Wesentliche sehen, auch das, was hinter den Dingen ist», formulierte Dix selbst, und: «Ich bin Augenmensch und kein Philosoph». Im bohrenden Blick artikulierte der Künstler Dix sein eindringliches, analytisches Verhältnis zur Wirklichkeit und bestimmte damit auch seine spezifische Aufgabe als Künstler.

Im Jahr 1921 entstand *Der Salon I* (Abb. 13). Vier nach Alter, Leibesfülle, Haartracht, Gestik und Ausdruck unterschiedlich charakterisierte Frauen sitzen beziehungslos, wartend um einen Tisch. Man ist ausgestattet mit durchsichtigen Hemdchen oder Unterhose, aufgedonnerten Frisuren oder Perücken samt bekrönendem Haarschmuck und viel leuchtender Schminke. Die Opulente links wendet sich anbietend aus dem Bild heraus. Zum Ambiente gehören ein akribisch nachgeahmter geklöppelter Tischläufer, die Jugendstiltapete mit tiefem Riss und der Ausblick ins rote Boudoir, also drei Verweise: auf die gewerbliche Zielrichtung, das kleinbürgerliche Gepräge und das Abgründige der Situation.

Hier sind die Realien nicht mehr eingeklebt, sondern täuschend echt malend imitiert: der Kopfschmuck, das Medaillon der linken Figur, der goldene Kordelhalter des Vorhangs. Dabei

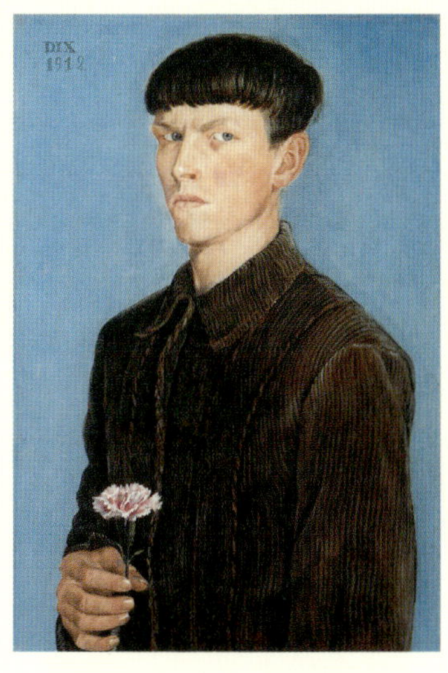

7 – Selbstbildnis mit Nelke, 1912, The Detroit Institute of Art

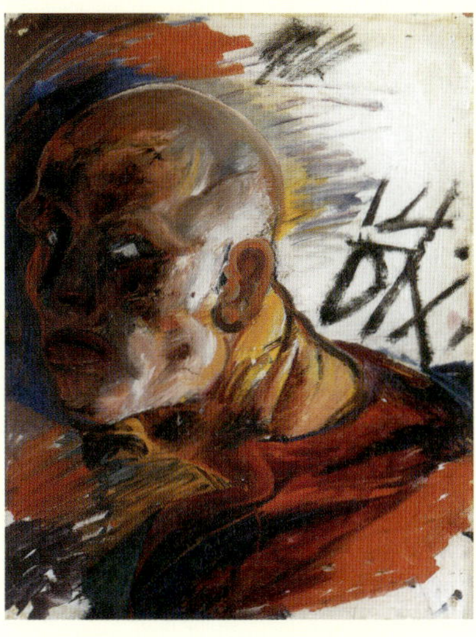

8 – Selbstbildnis als Soldat, 1914, Kunstmuseum Stuttgart

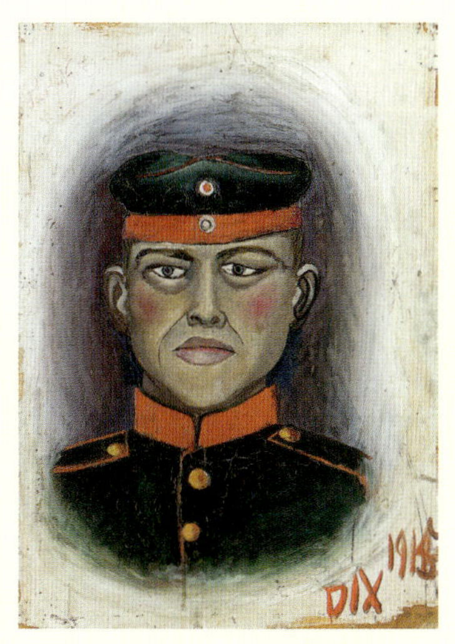

9 – Selbstbildnis als Schießscheibe, 1915, Otto Dix Stiftung Vaduz

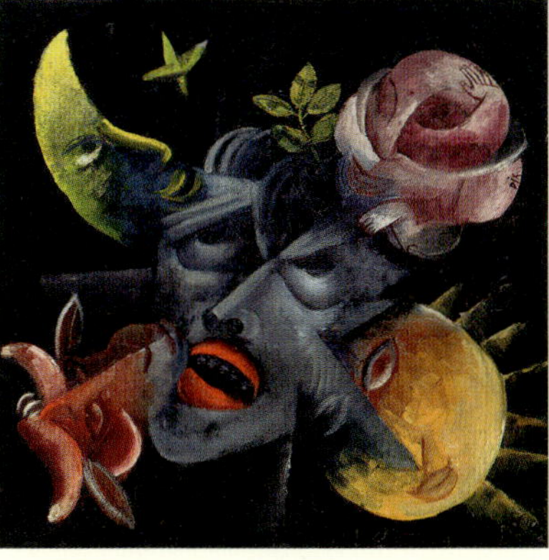

10 – Sehnsucht (Selbstbildnis), 1918, Staatliche Kunstsammlungen Dresden, Galerie Neue Meister

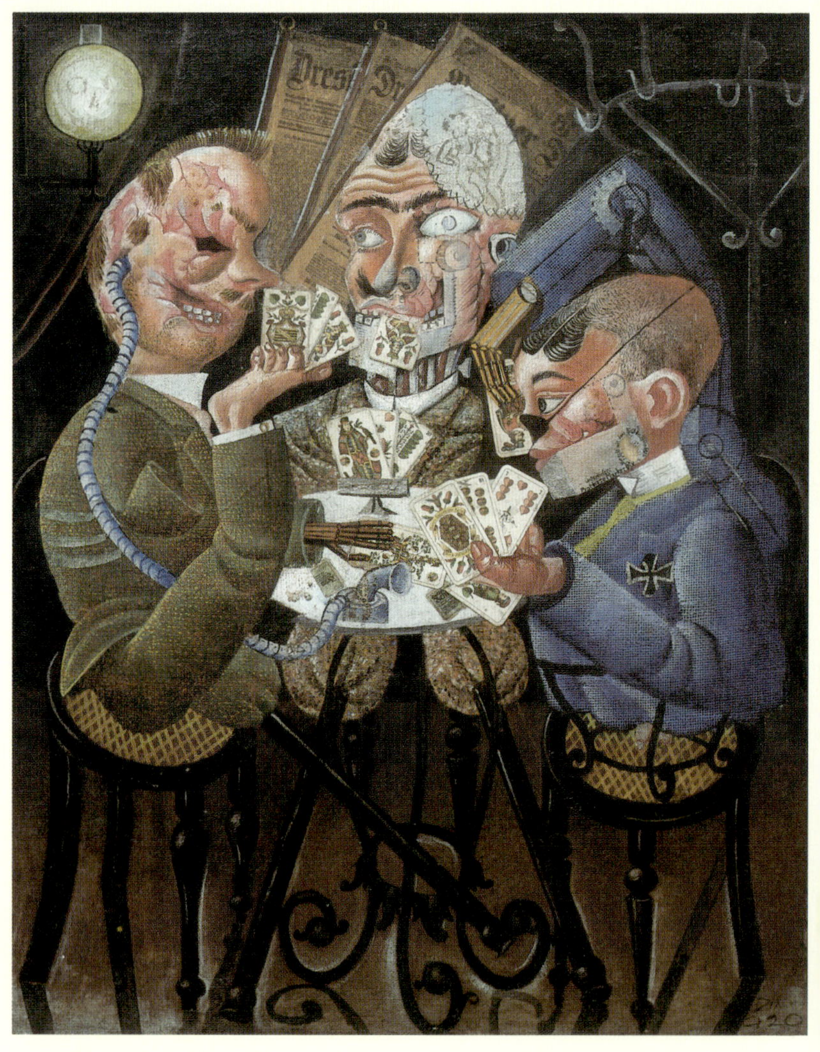

11 – Die Skatspieler, 1920, Neue Nationalgalerie Berlin

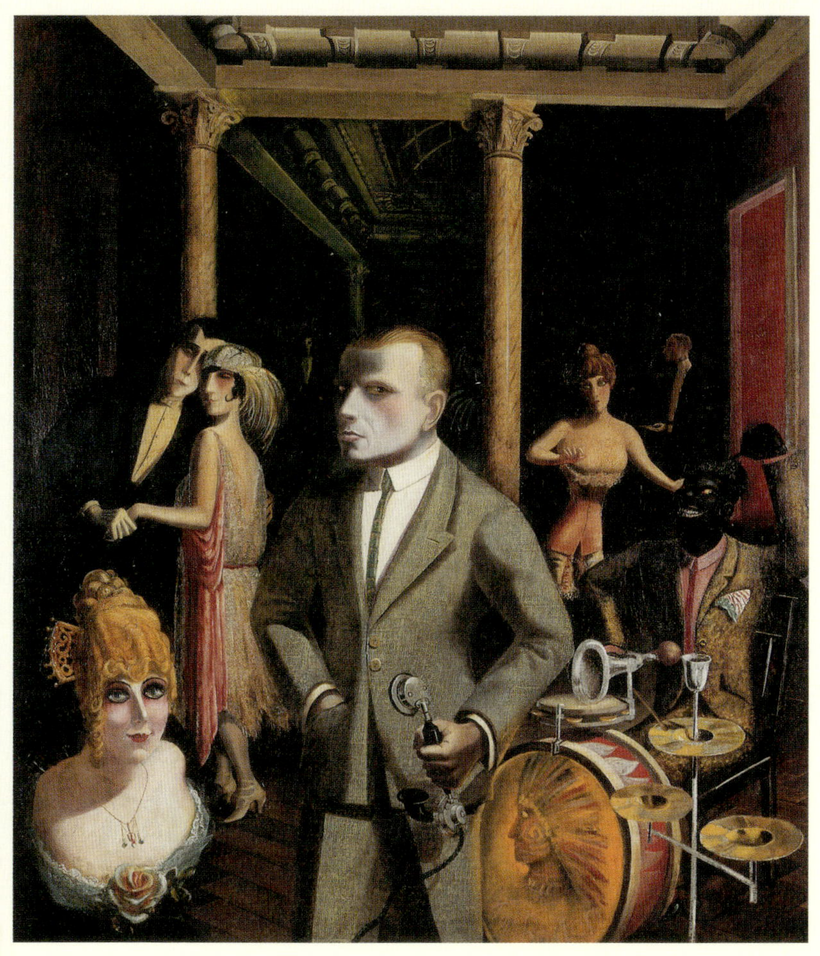

12 – An die Schönheit, 1922, Von der Heydt-Museum, Wuppertal

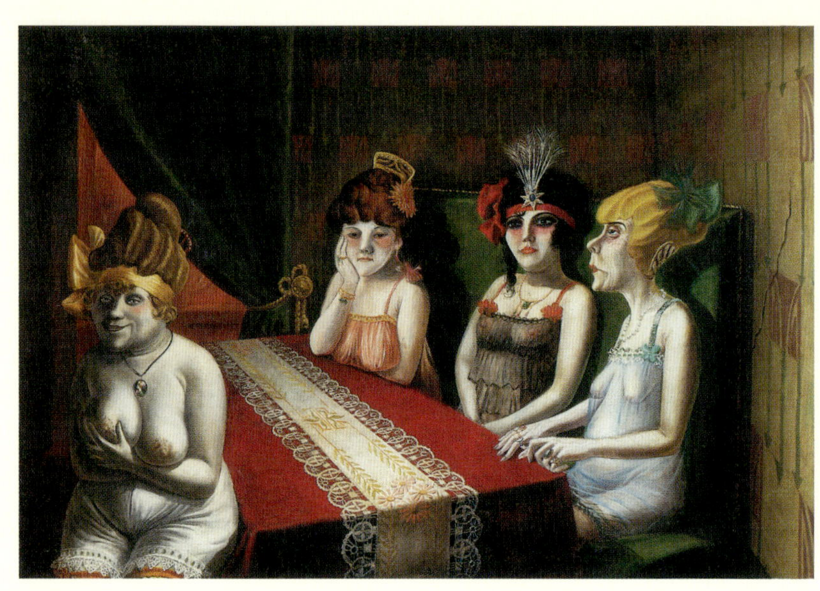

13 – Der Salon I, 1921, Kunstmuseum Stuttgart

geht es nicht um kunstfertigen Augentrug. Vielmehr wurde aus dem dada-nahen Zusammenfügen des Heterogenen nun das durchgehend gemalte Bild, in dem bildnerischer Illusionismus und gesellschaftliche Desillusionierung miteinander konkurrieren. So changiert der Eindruck, auch inhaltlich: «Es sind», schrieb Willi Wolfradt 1923 im *Cicerone*, «nackte Fratzen trotz aufgemalter Physiognomie». Dix kehrte damit den prinzipiellen Doppelcharakter des Bildes hervor: dass es über den der Kunst eigenen *Schein* verfügt und zugleich *Zeugnis der Realität* ist. Sein dauerndes Bestehen auf diesem Doppelcharakter hat womöglich jene Missverständnisse und Widersprüche in den Interpretationen erzeugt, wie sie keinem anderen Künstler im 20. Jahrhundert widerfahren sind.

Dix war, anders als Grosz, kein klassenkämpferischer Kritiker, er war ein sezierender Beobachter, intuitiver Analytiker. *Salon I* ist ein buntes, überscharfes Bild unbürgerlicher Präsentationsformen und Verhaltensweisen – und insofern ein grelles, herausforderndes Gegenbild zu Alltag und Normalität. Es attackiert das bürgerliche Konstrukt von Wirklichkeit. Wie hatte Ilse Fischer diesen Dix charakterisiert?: Er hasse «die Bürgerlichen, ihre Konventionen und Verlogenheiten»; «den Bürger» empfinde er «stets als ihm feindlich gesinnt». Er selbst teilte dem Malerkollegen Kurt Günther in einem Brief um 1920 mit, seine «neuen Sachen» seien «für schwache Nerven Ge[le]genheit zum Nervenschocken [...], für Moralisten das Entsetzen und für Tänzer lustige Seile und Springböcke». Folglich sahen schon zeitgenössische Kunstkritiker in solchen Werken Angriffe auf das Bürgertum, in den Worten von Paul Ferdinand Schmidt im Nierendorf-Katalog von 1926: «Alle müssen sich seine Unbarmherzigkeit gefallen lassen», und in den lapidaren Formulierungen Carl Einsteins im *Kunstblatt* 1923: «Dixens Bilder sind Attacke»; «Parole Angriff gegen die in sich lächerliche Zeit; Bildersturm».

Das gilt auch für *Drei Dirnen auf der Straße* von 1925 (Abb. 15). Vor einem von Säule, Diamantquadern und Marmorsockel neureich-palastmäßig gerahmten Modeschaufenster paradieren drei Frauen in schriller Aufmachung; die rechte nimmt den Kontakt zum Betrachter auf. Räumlich und farblich sind die Figuren dem Fassadendekor so angenähert, dass sie, die eher Karikaturen als dargestellte Individuen sind, wie dekorative Zuckungen in diesem glamourösen Tableau der Oberflächlichkeit wirken. Dix war, wie bereits eingangs anhand der Selbstbildnisse gesehen, stets den Extremen, den Unangepassten, den Außenseitern auf der Spur. Zu ihrer Vergegenwärtigung setzte er die Übertreibung, die Verzerrung, die krassen Gegensätze (hier: zwischen den flüchtigen Wesen und der majestätisch sich gebenden Architektur, zwischen *low and high*) in gleißenden und sich beißenden Farben ein, womit er die Ästhetik der Außenseiter – die Disharmonie – nobilitierte.

In diesem Bild sind noch einmal verschiedene Darstellungsformen und die Realitätsebenen miteinander verquickt. In das realistische Detail mischen sich mittelalterliche Vergoldungstechniken: der Hut der linken Figur ist graviert, vergoldet und punziert (da macht sich der gelernte Dekorationsmaler bemerkbar); beim Sockel ist, wie Anna Barbara Lorenzer beobachtet hat, durch wässrige und ölige Farben sowie durch das Abnehmen noch feuchter Farbe mit den Fingern Marmor imitiert. Aus dem Zusammenfügen des Heterogenen, dem *Synkretismus*, ist das Verschleifen, die Übergängigkeit der Ebenen geworden, die *Synthese*, und zwar technisch wie motivisch.

Denn was bei Dix in den Zwanzigerjahren wie altmeisterlicher Verismus aus einem Guss aussieht, ist tatsächlich eine Synthese aus genauester Beobachtung, kühlem Arrangement, starker Verzerrung und phantasievoll-drastischer Ausmalung, von Imitation, Zuspitzung und Erfindung. Zuweilen wirkt sich insgeheim auch traditionelle Ikonographie aus: Spielen nicht die *Drei Dirnen* auf die drei Grazien, der *Salon I* auf die vier Lebensalter, der *Salon II* mit dem Kunden im Bordell auf das Urteil des Paris an? So geht er als Analytiker mit Hilfe vielfältiger Techniken weit über die Wiedergabe eines optischen Eindrucks hinaus. Die Überschärfe – das ganze Gegenteil zum expressionistischen Bild – erweckt überzeugend den Eindruck einer unnachsichtigen Hartnäckigkeit in der wahrheitsgetreuen Facettierung bürgerlichen Verhaltens durch starke Gegenbilder. Um diese Überschärfe zu erreichen, bedurfte es einer entsprechenden Maltechnik. Für Dix war es das Lasurverfahren. Davon soll noch die Rede sein.

Zu den Gegenbildern zählt auch der *Lustmord* aus dem Jahr 1922. In einem (im Unterschied zum *Lustmörder*) sachlich wiedergegebenen Ambiente mit properer Sitzecke und Fensterausblick liegt über einem Bett desolat die Ermordete mit durchgeschnittener Kehle und aufgeschlitztem Unterleib; an der Wand statt eines Bildes ein Spiegel, in dem noch einmal die Gedärme aufscheinen. Solche *Lustmord*-Darstellungen finden sich in dieser Zeit häufiger, nicht nur bei Dix, auch bei Grosz, Rudolf Schlichter oder Erich Wegner. Angesichts ihrer Vorlieben für spektakuläre Kriminalfälle konnten sie in dem unter Künstlern verbreiteten Handbuch für Ärzte und Juristen *Der Sexualverbrecher* (1910) des Dresdner Juristen Erich Wulffen entscheidende motivische Anregungen finden: Die schreckenerregenden Polizeifotos der Opfer von Triebtätern («Lustmördern») vermittelten ihnen nie gesehene extreme Körperzerfleischungen.

Indes muss an eine weitergehende Bedeutung gedacht werden, zumal es sich um ein für die Zeit nach dem Ersten Weltkrieg typisches Motiv handelt. Wie in Max Beckmanns *Die Nacht,* einem Gemälde, in dem mit Strangulierung und möglicher Vergewaltigung eine durch den Krieg innerlich verwilderte, aus Moral und Gesetz ausgestiegene Gesellschaft gezeichnet wird, sind auch die *Lustmord*-Szenen als Allegorien der allseitigen Verrohung in der Folge der entfesselten kriegerischen Gewalttaten zu verstehen. Jedoch nicht als offene Anklage: Die Einsicht in die Verkommenheit der Welt ist eingekleidet in aufsehenerregendes Kriminalgeschehen, und zwar, wie Willi Wolfradt es im *Cicerone* 1923 ausdrückte, «in lustvoller Besessenheit zeichnerischen Erfassens». Das macht die Ambivalenz auch dieser Werke aus: die Gleichzeitigkeit von Anprangern und genussvoll fabrizierter Überschärfe.

Solche bildlichen «Attacken» zeigten sogleich Wirkung. 1921 refüsierte die Novembergruppe in Berlin, so Dix in einem Brief an den Kollegen Otto Pankok von Anfang Juni des Jahres, «ein ganz harmloses Bild von mir aus sittlichen Gründen»; es könnte sich um *Salon I* gehandelt haben. In Mainz wurden im selben Jahr gleich mehrere Werke aus einer Ausstellung entfernt. 1922 beschlagnahmte man das im Vorjahr entstandene Bild *Mädchen vor dem Spiegel* in der Juryfreien Kunstschau am Lehrter Bahnhof. Im Prozess wegen «Verbreitung unzüchtiger Darstellungen» kam es jedoch zu einem Freispruch – sicher auch wegen der namhaften Gutachter beziehungsweise Sachverständigen Karl Hofer, Karl Nierendorf, Max Slevogt, Adolf Behne, Carl Einstein, Willi Wolfradt. Im selben Jahr musste ein Werk von Dix aus einer Ausstellung der Dresdner Sezession in der Galerie Arnold in Dresden entfernt werden, und ein Jahr später beschlagnahmte man das Bordellbild *Salon II* in der Darmstädter Ausstellung *Deutsche Kunst 1923*; das Verfahren wurde eingestellt. Schließlich entfernte man wiederum «aus sittlichen Gründen» Werke von Dix aus der Ausstellung *Deutsche Kunst* in Düsseldorf 1928.

Während George Grosz, der in der Weimarer Republik gerichtlich am stärksten verfolgte Künstler, vor allem wegen Beleidigung der Reichswehr und in einem langwierigen Prozess von 1928 bis 1932 wegen Gotteslästerung angeklagt wurde, waren bei Dix stets die «sittlichen» Gründe ausschlaggebend, selbst innerhalb des Kunstbetriebs. Obwohl sie als überscharfe Einsichten ohne moralisierende Absichten gemeint waren, erwiesen sich die Bilder von Huren, Vetteln und Lustmördern tatsächlich in der gesellschaftlichen Realität als Attacken auf die bürgerliche Moral. Dass die Bilder diese Wirkung hatten, dass sie zündeten, mag den gern angriffslustigen Künstler wiederum zu neuen aufsehenerregenden, noch schonungsloseren Werken beflügelt haben. Wie Felixmüller in seinen *Legenden 1912–1976* mitteilt, prophezeite Dix in der Dresdner Zeit: «Entweder ich werde berühmt oder berüchtigt!»

«Witz, Diabolik, Sinnlichkeit»

Aquarelle 1922–1924

Weil Gemälde in der Inflationszeit nach dem Ende des Ersten Weltkriegs schwer abzusetzen waren, wandten sich die Künstler vielfach der Graphik zu, so auch Otto Dix. Man veröffentlichte vorzugsweise Mappen. Sie sollten Graphikgeschichte schreiben. So erschienen von George Grosz *Gott mit uns* (1920), *Im Schatten* (1921) und *Die Räuber* (1922), von Max Beckmann *Die Hölle* (1919), *Der Jahrmarkt* (1921) und *Berliner Reise* (1922) sowie einzelne Graphikfolgen etwa von Ludwig Meidner, Heinrich Hoerle, Franz M. Jansen, Käthe Kollwitz, Otto Freundlich oder Karl Hofer. Dix malte durchaus weiterhin, aber er legte bis 1924, also bis zum Ende der Inflation und damit des allgemeinen Graphikbooms, auch acht Mappenwerke vor, zwei in der Technik des Holzschnitts, die anderen als Radierungen. Die 1921/1922 entstandenen *Radierwerke I–V* umfassen insgesamt 42 Blätter. Die ersten Folgen haben keinen eindeutigen thematischen Zusammenhalt, jedoch dominieren die Auswirkungen des Kriegs; Gemälde wie *Prager Straße, Streichholzhändler, Kriegskrüppel, Skatspieler* und *Lustmörder* erscheinen hier übersetzt in die graphische Technik. Das *Radierwerk IV* widmet sich dann einem einzigen Motivkreis, dem Zirkus, und das *Radierwerk V* dem Thema *Tod und Auferstehung*. Den Abschluss und zugleich den Höhepunkt bildete 1924 der *Krieg*-Zyklus.

Neben der Druckgraphik schuf Dix in den Jahren 1922 bis 1925 eine einzigartige Folge von über 400 Aquarellen. Wie er die bildlichen Möglichkeiten der Gouache in einem begrenzten Zeitraum – während des Ersten Weltkriegs – für sein Vorhaben genutzt hatte, setzte er nun vorübergehend das Aquarell ein. Ob er die zum Konstruktiven führende Kohlezeichnung, die malerisch angelegte Gouache oder die zuspitzende Tuschpinselzeichnung, den expressionistisch geprägten Holzschnitt oder die – auch im übertragenen Sinne – ätzende Radierung im Sinne

Goyas und später die zu äußerster Exaktheit der Linie anhaltende Silberstiftzeichnung der Alten Meister in Anspruch nahm, stets brachte er die spezifischen Fähigkeiten des Mediums zur Wirkung. Wie kein anderer deutscher Künstler wechselte er sprunghaft die Techniken und nutzte sie exzessiv. Erst dieses Flottieren erlaubte ihm die gesuchten treffend genauen Zugriffe auf unterschiedliche Themen und Motive. Wie am Anfang bei den Selbstbildnissen nicht ein Stil allein gereicht hatte, um seiner selbst und der Typen seiner Zeit Herr zu werden, reichte ihm auf die Dauer nicht ein Medium zur Vergegenwärtigung der scharfen Einblicke in die Zeit. Es mussten alle sein. Mal lösten sie sich ab, mal überlappten sie sich. Ausschlag für ihre Verwendung gaben (von innen) das momentane künstlerische Erkundungsinteresse und (von außen) auch die Zeitumstände: Als für das große Gemälde kein Raum war, kam die kleine Gouache zum Einsatz; als der Absatz der Gemälde stockte, wurde das marktfähige Aquarell aktiviert; als in der inneren Emigration die Zeit stillstand, kam man auf den Silberstift der Alten Meister zurück.

Jedoch waren die Aquarelle bei Dix weder Ersatz noch Vorarbeiten für weiterführende Werke. Allein die oft bildhaft großen Formate zeigen die Selbständigkeit des Mediums an. Dessen Eigenschaften liegen auf der Hand: Gegenüber dem genau Konzipierten, den langwierigen Malprozessen und vor allem dem Endgültigen des Gemäldes haben sie den Vorzug des Spontanen, Raschen, Leichten, Transparenten, aber auch der pointierten Abkürzung; das Gemalte kann korrigiert werden, das Aquarellierte nicht: es muss sofort sitzen. Dix' Meisterschaft, schrieb die Autorin des Werkverzeichnisses der Aquarelle Suse Pfäffle, liege im Ausbalancieren von «notwendiger Prägnanz und größtmöglicher Leichtigkeit».

Dix' Wasserfarbenblätter sind, was Einfühlung und Erfindung betrifft, dank der ausschlaggebenden Spontaneität reichhaltiger als die Gemälde. Motivisch geht es um die Halbwelt und ihr Personal, um Puffmütter und Kupplerinnen, Huren und Zuhälter, Betrunkene und Mörder, um Matrosen im Rotlichtmilieu (Abb. 16) und Mädchenhändler ebenso wie um Fetischisten und Sadisten. *Hier* werden das Triviale und das Extrovertierte, das Sensationelle und die Unterhaltungswelt, der Kitsch und die Perversionen, das Verquere und das Deformierte, Unterwelt und Kriminalfälle zusammengebracht, im Einzelnen grotesk verzerrt und von bizarren Eingebungen gelenkt. Unversehrte Existenzen gibt es nicht. Das Exotische an den Rändern der Gesellschaft wird begierig skizziert. Damit erweiterte Dix sein Typenarsenal, und zwar weniger durch Wiedergabe von Beobachtetem, viel eher durch das Erfinden von Szenen und Gestalten, von Phantasiegebilden aufgrund der Realitätserfahrung: als Gegenbild zur bürgerlichen Vorstellung von Wirklichkeit.

Ein besonderes Gewicht haben die großen Frauenköpfe (Abb. 17). Die Wasserfarben verleihen ihnen etwas Durchsichtiges und mit plötzlichen Farbakzenten das unverwechselbar Schrille, das dieser Dix'schen Bildwelt insgesamt eigen ist. Versehen sind sie mit phantastischen Hutkreationen oder modernsten Kappen, mit Pelzen und Hündchen und immer wieder mit Gesichtsschleiern, die die geschminkten Angesichter verhüllen und doch die ganze Aufmerksamkeit darauf lenken. Der Glanz der Nachtwelt geht von ihnen aus.

Stilistisch setzte sich Dix keine Grenzen. Was die Technik hergibt, wurde ausgereizt. Alle Spielarten von der expressionistischen Wucht über die neusachliche Akribie und die naive Illustration bis zur surrealistischen Kombinatorik wurden praktiziert, um die Facetten einer Gegenwelt im Schein des Glamour zu vergegenwärtigen. Offenbar wurde Dix thematisch wie stilistisch und technisch von immer wieder neuen Reizen aus der Welt der Randständigen, die sich dem Bürgerlichen versagen, fasziniert und angeregt.

Als die Aquarelle 1924 im Berliner Kronprinzenpalais gezeigt wurden, gab es, wie Andreas Strobl dokumentiert hat, eine bezeichnende gespaltene Resonanz. Der Kunstkritiker Lothar Brieger berichtete bewundernd, «das Zarte und das Kräftige» stünden der Aquarelltechnik hier zu Gebote, «sie vermag den flüchtigen Eindruck aufzufangen und Entfliehendes der Seele mit unerbittlicher Härte zu verfolgen». Diese Werke seien «hoffentlich ein Vorbote jener fruchtbareren Arbeit, die gerade Ölbilder des Malers aus den letzten Jahren mitunter schmerzlich vermissen lassen». Der Kunsthistoriker Curt Glaser dagegen fand, Dix «arbeitet bedenklich auf den Effekt, auf die sensationelle Wirkung». Noch niemals habe man «dieses Talent so schwankend» gesehen wie in dieser Ausstellung. Und der konservative Karl Scheffler meinte, die Ausstellung beweise, «dass die hohe Schätzung, die Dix zuteilwird, ein Irrtum ist». Viele der Aquarelle seien «einfach süßlich und kitschig», «ohne Saft und Bedeutung», «gesuchte krasse Form».

Während also Brieger die ästhetische Qualität der vielfältigen Ausdrucksformen lobte und sie zukunftsträchtig fand, kritisierte Scheffler die inhaltliche Leere des Kitschigen, Krassen und sah Dix bereits am Ende. Hingegen hatte Glaser gerade wegen der Vielfalt der Motive und Macharten ein bedenklich schwankendes Talent vor sich. Willi Wolfradt jedoch meinte in seiner Monographie von 1924, vor allem in den Aquarellen lebe Dix' koloristische Phantasie «ihren Witz, ihre Diabolik, ihre malerische Sinnlichkeit» aus. Tatsächlich vermag Dix' Aquarelltechnik das Zarte und das Kräftige zu artikulieren, sie streift zuweilen das Komische und den Kitsch, formuliert allemal krass, und der dauernde Wechsel der Motive, Themen und Ansichten gehört zu ihren Kennzeichen. Deutlich spiegelt sich in den Kritiken das Vielsinnige des Werks. Die zwiespältigen Resonanzen werden Dix weiterhin begleiten.

In dieser schwierigen Inflationszeit traf Dix auf einen Kunsthändler, der sich engagiert und rührig zunächst besonders für den Vertrieb der Aquarelle einsetzte. Karl Nierendorf, Galerist in Köln, übernahm 1923 von dem nach New York übergesiedelten J. B. Neumann dessen Graphisches Kabinett in Berlin. Ersten Kontakt zu Dix hatte Nierendorf 1921; bereits im Jahr darauf bot er dem Künstler einen Vertrag an. Er ließ die Werke fotografieren, sorgte für Veröffentlichungen in Zeitungen und Zeitschriften, finanzierte die erste kleine Dix-Publikation von Paul Ferdinand Schmidt, verlegte die in Düsseldorf entstandenen Farblithographien, kümmerte sich um Ausstellungen und vermittelte bald auch Porträtaufträge. Wenn Nierendorf reiste, hatte er die Aquarelle im Gepäck, die er in abendlichen Wohnungsausstellungen bei befreundeten Sammlern präsentierte. Als Aquarell gingen abstoßende Motive entschieden besser als entsprechende Gemälde. Nierendorf wurde Dix' maßgeblicher Agent im Kunstbetrieb. Man nannte ihn den «Nierendix», und so beklagte sich Max Beckmann 1926 bei seinem Kunsthändler J. B. Neumann über dessen Kompagnon Nierendorf: «Er schaltet mich fast vollkommen aus und dixst mit Energie weiter.» Dass Dix 1925 nach Berlin übersiedelte, dürfte wesentlich auf den Einfluss seines Kunsthändlers zurückzuführen sein. Vor allem aber war die Tatsache, dass der 1921 noch unbekannte Dix in dieser Düsseldorfer Phase Karriere machte, Nierendorfs Einsatz für die Aquarelle und dann vor allem für das Gemälde *Schützengraben* sowie die Radierungsfolge *Der Krieg* zu verdanken.

Das große Thema Krieg und der symptomatische Streit der Deuter

Schützengraben und *Krieg*-Zyklus 1923/1924

Wie umstritten auch einzelne Werke von Dix aus «sittlichen» Gründen bereits Anfang der 1920er Jahre gewesen sein mögen – die weiter ausgreifenden und anhaltenden Debatten lösten seine Arbeiten zum Thema Krieg aus. Daran rieb sich die Kunstwelt (zuweilen auch die Politik) in der Weimarer Republik und später noch in der Bundesrepublik wie in der DDR. Als Dix begann, sich erneut mit diesem Thema zu befassen, lag der Krieg zwar schon einige Jahre zurück, aber die persönlichen traumatischen Belastungen hielten nach seinen eigenen Bekundungen an. Auch prägten die Folgen des Kriegs die Weimarer Republik in ihrer ersten Phase tief greifend: durch Revolution, Aufstände und militärische Gewalt im Ringen um die politische Zukunft, durch gigantische Reparationsforderungen der Sieger und die Inflation, die das Bürgertum verarmen ließ und jegliches Spekulantentum begünstigte. Historiker sprechen von einer elementaren Krise im Jahr 1923, wie Deutschland sie noch nicht erlebt habe. Den Krieg hatte man hinter sich gelassen, nun beschwerten seine unmittelbaren politischen, wirtschaftlichen und gesellschaftlichen Auswirkungen das Leben.

In dieser historischen Phase entstand das Gemälde *Schützengraben* (Abb. 14). Begonnen offenbar 1921 noch während Dix' Akademiezeit in Dresden, wurde es 1923 in Düsseldorf beendet. Der *Schützengraben* sei, so Dix, übergroß gewesen: «Dazu wurde die Leinwand, eine grobe, aus Rupfen zusammengenäht.» Allein dieses ungewöhnliche Format – 227 x 250 cm – lässt vermuten, dass damit ein aufsehenerregendes bildliches Resümee im Sinne eines modernen Historienbildes intendiert war. Zur Vorarbeit studierte Dix Leichen und deren Innereien in der Anatomie eines Dresdner Krankenhauses. Ansonsten verließ er sich mehr auf die Erinnerung und die Imagination als auf seine – weniger drastischen, weniger detaillierten – Zeichnungen und Gouachen aus dem Krieg. Dass Matthias Grünewald vor allem mit seinem *Isenheimer Altar* Dix entschieden beeinflusst hat, ist vielfach belegt worden. Der spätgotische Maler galt nach dem Ende des Ersten Weltkriegs als Orientierungshilfe für eine junge Künstlergeneration. «Matthias Grünewald», schrieb der Kunsthistoriker Wilhelm Niemeyer 1921 in seiner Monographie, «das ist Name, Wort, Zeichen, Auslösung für die stärkste Erschütterung, die deutsche malerische Kunst zu geben hat».

Da das Bild *Schützengraben* seit 1940 verschollen und nur ein Schwarz-Weiß-Foto erhalten ist, sind wir wesentlich auf die Beobachtungen der Zeitzeugen angewiesen. Offenbar hat Dix den Versuch unternommen, dem tatsächlichen Chaos der Vernichtung mit einer totalen, überwältigenden, verdichteten bildlichen Zusammenschau beizukommen. So viel lässt sich erkennen: Über einem mit zerfetzten, durchlöcherten Toten, zerrissenen Leibern und menschlichen Gliedern gefüllten Schützengraben ist die Leiche eines Soldaten aufgespießt; rechts hängen an einem Pfahl Leichenteile. Von dem Kunsthistoriker Alfred Salmony ist eine der wenigen sachlichen Beschreibungen überliefert (*Cicerone,* 1924). Dass sie mit der Farbwirkung des Bildes

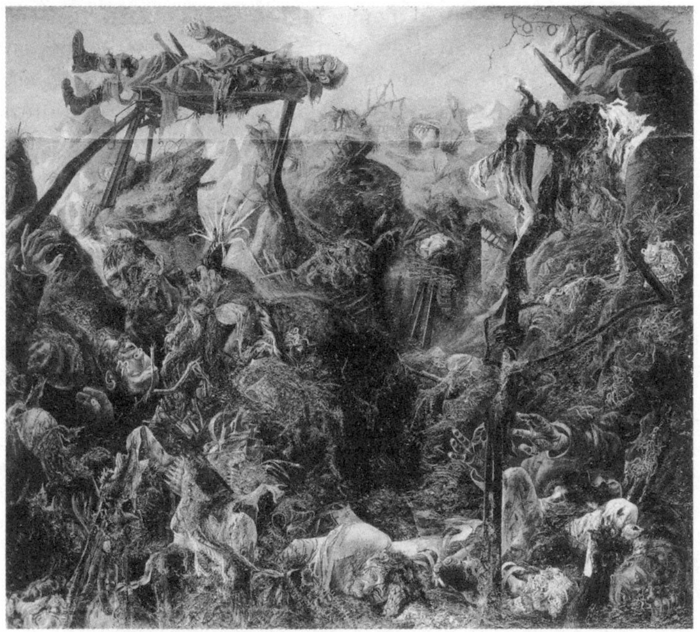

14 – Der Schützengraben, 1923, Verbleib unbekannt

einsetzt, scheint im Hinblick auf die weitere Rezeption besonders interessant: «Der erste Eindruck ist nur: unerhörte Farben. Langsam begreift man entsetzt. Ein Schützengraben liegt gänzlich zerschossen. Material mischt sich zerfetzt mit zerfetzten Leibern, Holzstützen zersplittert, Eisenstangen verbogen, Draht, Gasmaske und Armbanduhr blieben unversehrt. Die Phosphorpfütze bildet den Farbmittelpunkt. Gedärm, Fleisch, Blut hängen umher. Ein Teil der Leichen verwest, weiße Würmer kriechen aus, einige scheinen frisch. In seltsam stehender Stellung haben sich Soldaten mit zerrissenem Gesicht erhalten, einen warf's aufgespießt auf Stützen. In den Bergen des Hintergrundes dämmert es in herrlichen Farben.»

Dass keine reale Situation wiedergegeben, sondern eine Verdichtung erreicht war, stellte sogleich Paul Ferdinand Schmidt in der *Weltbühne* fest: «In diesem Bild ist nichts übertrieben – es ist nur komprimiert. Was an zehn Stellen eines zertrümmerten Grabens an Nichtlebendigem übrig blieb, hat Dix auf einen Fleck zusammengehäuft.» Es gibt in diesem Bild keine Kämpfenden, es gibt keine Verletzten, keine Sterbenden, es gibt nur anonyme Tote, den kollektiven Tod, auf monströse und unheimliche Weise inszeniert.

Das Bild, so Dix, sei «ganz pastos gemalt, dick», im Unterschied zur teilweise feinen Lasurtechnik beim späteren *Krieg*-Triptychon. Fritz Löffler erinnerte sich 1967 an «eine reiche Palette und einen ganz pastosen, bis zu einem Zentimeter dicken Farbauftrag im juwelenhaften Glanz der Primamalerei». «Alles», so wird ein Zeitgenosse von Dix, der Künstler Hans Christoph im Dresdner *Krieg*-Katalog von 2014 zitiert, «ist großzügig erfasst und trotzdem bis ins Detail durchgearbeitet». Im *Kölner Stadtanzeiger* vom 2. Dezember 1923 hieß es, dem «Übergewicht der Stofflichkeiten» sei mit einem «Farbenspiel» begegnet, etwa dort, «wo das schwefelige Grün und Gelb in der Pfütze und Grabensohle in dem Regenbogen hoch oben aufgenommen und verklärt wird». Das grauenhafte Motiv, das Farbenspiel und der juwelenhafte Glanz: Darin unter anderem lag der Sprengstoff für die folgenden Debatten. Jedenfalls hatte Dix es darauf abgesehen, mit diesem Werk zu erschüttern, zu brüskieren und zu provozieren.

Durch Vermittlung Nierendorfs erwarb das Wallraf-Richartz-Museum in Köln den *Schützengraben* noch im Jahr seiner Vollendung. Der Direktor der modernen Sammlung Hans F. Secker versprach sich in einem Brief an Dix vom 31. Oktober 1923 innerhalb einer Neuordnung des Museums von dem Bild «die größte Sensation». Bei der Eröffnung im Dezember dieses Jahres hing es jedoch hinter einem Vorhang, damit, so eine Pressemitteilung, «empfindsame Menschen nicht sagen können, sie wären beim Besuch des Museums gezwungen, einen so aufregenden Stoff zu sehen und nachzuerleben» – was die Neugierde naturgemäß erheblich steigerte; die Menschen sollen Schlange gestanden haben.

Tatsächlich wurde der *Schützengraben* als Sensation aufgenommen. «Da ging es turbulent zu», erinnerte sich Dix: «Offiziersvereine protestierten. Die ‹gute› Gesellschaft war schockiert. Ein perfekter Skandal.» Die öffentlichen Auseinandersetzungen hat Andreas Strobl genau dokumentiert. Offenbar unter Mitwirkung von Max Liebermann, der das Bild im *Kölner Tageblatt* im Oktober 1924 als «eins der bedeutendsten Werke der Nachkriegszeit» bezeichnete, wurde das Werk in diesem Jahr in der Frühjahrsausstellung der Preußischen Akademie der Künste in Berlin gezeigt – und löste eine Diskussion von seltener Breite und Intensität aus. Die vielfältigen bis widersprüchlichen, teils extremen Reaktionen sollten sich als bezeichnend erweisen, bezeichnend ebenso für das Werk wie für die Haltung der Interpreten und gleichermaßen für die politischen Umstände in diesem Augenblick.

Schon angesichts der Kölner Präsentation war in der rheinischen Presse die Reaktion gespalten. Die einen hatten gefordert, das Bild abzuhängen, weil es pazifistische Gesinnung verbreite und deshalb die deutsche Kriegsbereitschaft schwäche, die anderen hatten die Wahrhaftigkeit in der Darstellung des Grauens, der Vernichtung gelobt. Nun aber stieß einer der namhaftesten Kunstschriftsteller, Autor einer weitverbreiteten Geschichte der modernen Kunst, mit einer vehementen Stellungnahme die große Debatte an: Julius Meier-Graefe. Der *Schützengraben* sei «nicht nur schlecht, sondern infam» gemalt, schrieb er in der *Deutschen Allgemeinen Zeitung* vom 3. Juli 1924. Man könne Blut und Gedärm so darstellen, «dass einem das Wasser im Munde zusammenläuft», dieser Dix aber sei «zum Kotzen». «Alle animalische Reaktion» würde «zur Hochspannung getrieben». Dix habe offenbar «in aller Einfalt für den Pazifismus wirken wollen». Es wird an die Kölner Stadtväter appelliert, das «Monstrum» aus dem Museum zu entfernen, was der Kunstschriftsteller und Herausgeber der Zeitschrift *Das Kunstblatt* Paul Westheim sogleich als Denunziation und Aufruf zur behördlichen Zensur kritisierte. Sachliche, kunstbezogene Argumente sucht man in dieser Polemik vergebens. Das Urteil: ein tendenziöses Werk ohne künstlerische Bedeutung, das dem Pazifismus diene, also die deutsche

Wehrhaftigkeit untergrabe. Meier-Graefe verstand und bewertete den *Schützengraben* politisch.

Tatsächlich hatte Dix gegen zwei grundlegende Regeln verstoßen: In seinem Historienbild gab es keinen Helden, mit dem man sich hätte identifizieren können, und es wurde nicht zwischen Freund und Feind, Gut und Böse unterschieden; alle Dargestellten sind Opfer. So stand in dieser Gruppe von Kritikern fest: Wer den Krieg wie Dix darstelle, schade dem Vaterland und nütze dem Feind. Solche patriotisch-nationalistische Haltung zur Kunst sollte ab 1933 ernsthafte Folgen haben – «gemalte Wehrsabotage» lautete dann das vernichtende Urteil.

In der *Frankfurter Zeitung* vom 4. September 1924 stellte Benno Reifenberg in dieser Debatte eine Frage, die grundsätzlich an die Darstellungsfähigkeiten der Kunst angesichts des Ungeheuerlichen rührte. Er begrüßte zwar, dass sich der Künstler mit dem Krieg befasse, damit er nicht vergessen werde, doch berge Dix' Werk im Grunde eine «Romantik der Verwesung», und da frage man sich, ob ein solches Geschehnis überhaupt malbar sei, ob nicht «von diesem Summum an Leid nur das Dokument zeugen dürfe: Ein Brief, ein Tagebuchblatt. Eine Statistik». Eine weiter gehende Diskussion zu diesem Punkt fand nicht statt. Doch zeigte sich nach Ende des Zweiten Weltkriegs, dass sich vom Holocaust und vom Krieg und den unendlichen Opfern kein Bild mehr machen ließ.

Alfred Salmony hatte, wie erwähnt, seinen Bericht über den *Schützengraben* mit dem Satz begonnen: «Der erste Eindruck ist nur: unerhörte Farben.» Der aufgeklärte Curt Glaser, seit 1924 Direktor der Berliner Kunstbibliothek, sah darin jedoch ein Problem: «Alle Scheußlichkeiten zerfetzter, verstümmelter, verwester Leichen sind auf einer riesigen Leinwand gesammelt, aber sie riechen nicht nach Verwesung, sondern nach Parfüm», schrieb er im *Berliner Börsen Courier* vom 11. Mai 1924. Darin folgte ihm Karl Scheffler, konservativer Chefredakteur der Monatsschrift *Kunst und Künstler*: «Das viel besprochene Sensationsbild von Otto Dix versagt.» Diese «krass schonungslose Kunst» sei «parfümiert, die Grausamkeit ist sentimental». Es sei ein schlechtes Bild, das einen weder «vonseiten des Stoffs» noch «vonseiten der Form» zu packen wisse.

Damit war nicht nur aus politischer, sondern gleichermaßen aus künstlerischer Sicht ein vernichtendes Urteil gefällt. Sollte eine brillante Malerei in «unerhörten Farben» das grauenhafte Motiv an den von Dix so geliebten Rand des Kitsches getrieben haben? Oder schuf erst die brillante Malerei die Rechtfertigung für das grauenhafte Motiv? Gehen etwa manche Kritiker davon aus, dass malerischer und farblicher Aufwand bei einem solch grausigen Thema prinzipiell und moralisch unangemessen seien? Uns fehlt für ein Urteil der prüfende Blick auf das Original und seine Machart. Der Vergleich mit dem erhaltenen *Krieg*-Triptychon von1932 führt nicht weiter, weil es maltechnisch und offenbar auch farbig ganz anders angelegt ist und Dix darin eventuell Lehren aus den möglichen Schwächen des *Schützengraben* zog.

Indes gab es auch die anderen Reaktionen. Im Oktober 1924 gratulierte Max Liebermann dem Kölner Museumsdirektor in einem vom *Mannheimer Tagesblatt* abgedruckten Brief zu dem Erwerb. Das Bild sei «die Personifizierung des Krieges», nicht eine einzelne Episode sei dargestellt, sondern der «Krieg als fürchterlichstes Ding an sich», «ohne Pathos und bengalisches Feuerwerk». Dann ging Willi Wolfradt in seiner kleinen Dix-Monographie 1924 auf Inhalt und Ästhetik des Bildes ein; auch nahm er Meier-Graefe ins Visier. Es fehle nur noch, dass «den Herren» beim Anblick dieser zerfetzten Kadaver und des Morasts aus Eingeweiden und «Pfützen blutiger Jauche» «‹das Wasser im Munde zusammenliefe›», statt dass ihnen «endlich einmal das Entsetzen in die Kaldaunen schlägt». Meier-Graefes «geschmäcklerische Kunstgesinnung» wird angeprangert. Das Bild sei «wahrlich zum Kotzen und nicht zum Komfort» gemalt. Dix scheue «keine Brutalität des Ausdrucks, keine Blutrünstigkeit», um «zu wirken, zu packen, die furchtbare Vergesslichkeit der Menschen zu durchbrechen».

Damit wird hervorgehoben, dass Dix über die reine Schilderung hinaus eine Absicht verfolgt habe, nämlich auf die Menschen einzuwirken und die Erinnerung an das Vernichtende des

Kriegs wachzuhalten, und zwar in einer Zeit, in der, wie Paul Ferdinand Schmidt berichtet, vielfach zu hören gewesen sei, so schlimm, wie Dix ihn darstelle, sei der Krieg niemals gewesen; man wollte Helden sehen. Jedenfalls ließ diese Debatte, an der fast alle namhaften Kunstkritiker der Zeit mit Eifer, Engagement und gelegentlicher Ruppigkeit beteiligt waren, erkennen, in welchem Maße der *Schützengraben* die unterschiedlichsten Geister aufwühlte. Das Bild traf in diesem Moment wie kein anderes allseits einen Nerv der Zeit.

Wenige Jahre später, 1927, als sich die erste Aufregung in den Zeitschriften gelegt hatte und kurz bevor der *Schützengraben* aus der Öffentlichkeit verschwand, befasste sich der ungarische, in Deutschland dem Bauhaus nahestehende Kunstjournalist Ernst Kállai in der Zeitschrift *Das Kunstblatt* noch einmal mit dem Fall. Mit dem Bild habe Dix «das Äußerste an brutal stofflicher Wirklichkeitsschilderung in der modernen Kunst» erreicht. Jedoch sei der Streit am eigentlichen Wesen des Bildes vorbeigegangen. Es sei nämlich «weder rein ästhetisch, noch ausschließlich der Tendenz nach zu erfassen», also nicht allein formal und auch nicht allein politisch. Es stelle vielmehr «eine tief verzweigte und innerlich widerspruchsvolle Einheit zwischen Bewunderung und Entsetzen» dar. Dieser Einheit habe es seine «unheimliche Größe» zu verdanken.

Im Grunde, so Kállai, sei Dix' *Schützengraben* «genauso abgrundtief-durchschauert und düster-großartig gesehen wie die ewigen Eisregionen bei den Romantikern» und ebenso mit dem «Stempel des Unabänderlichen» versehen. Dix handele von der «Allmacht des Grauens» und erreiche damit eine Monumentalität, der es «vollkommen gleichgültig ist, ob man gegen das Ungeheuerliche protestiert oder es in schaudernder Andacht über sich ergehen lässt». Die ästhetische Kategorie des Erhabenen kam damit ins Spiel. Das Erhabene erregt zugleich Schauder und Bewunderung, Schrecken und Wohlgefallen; es fasziniert, weil es unüberschaubar ist; es ersetzt wegen seiner Widersprüchlichkeit die Vermittlung von Wahrheit durch vielfältige Deutungsmöglichkeiten. Jedenfalls könne das Bild, wagte Kállai überspitzt zu formulieren, «ebensogut der Gegenstand höchster

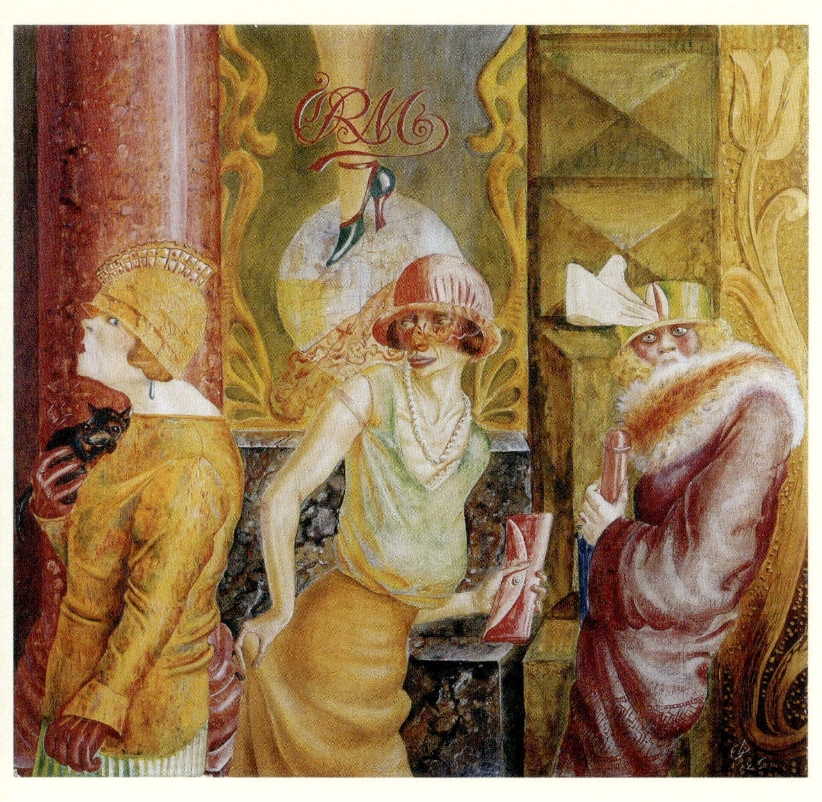

15 – Drei Dirnen auf der Straße, 1925,
Privatsammlung, Courtesy Thomas Ammann Fine Art, Zürich

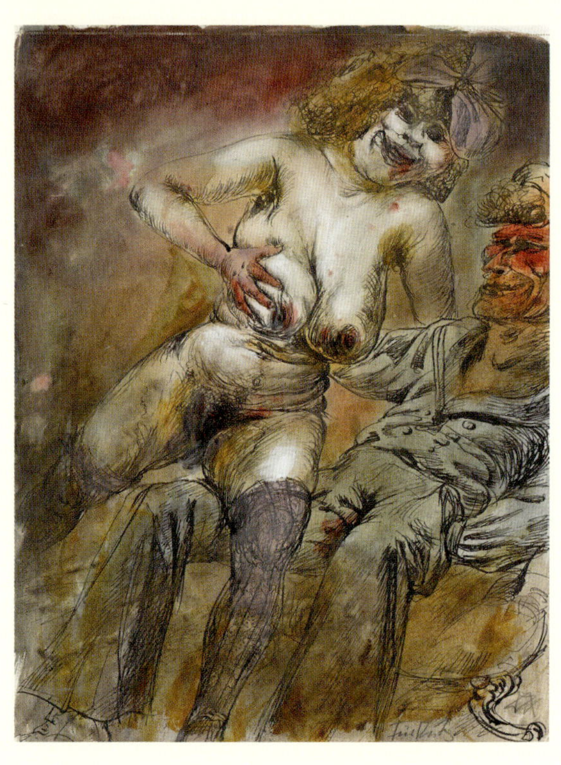

16 – Matrose und Mädchen, Aquarell 1925,
Staatsgalerie Stuttgart, Graphische Sammlung

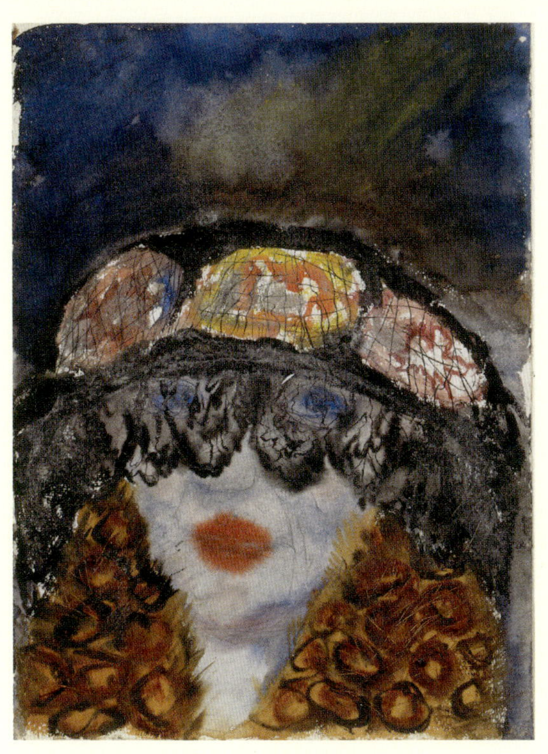

17 – Kopf am Abend, Aquarell 1923,
Sammlung Sander, Darmstadt

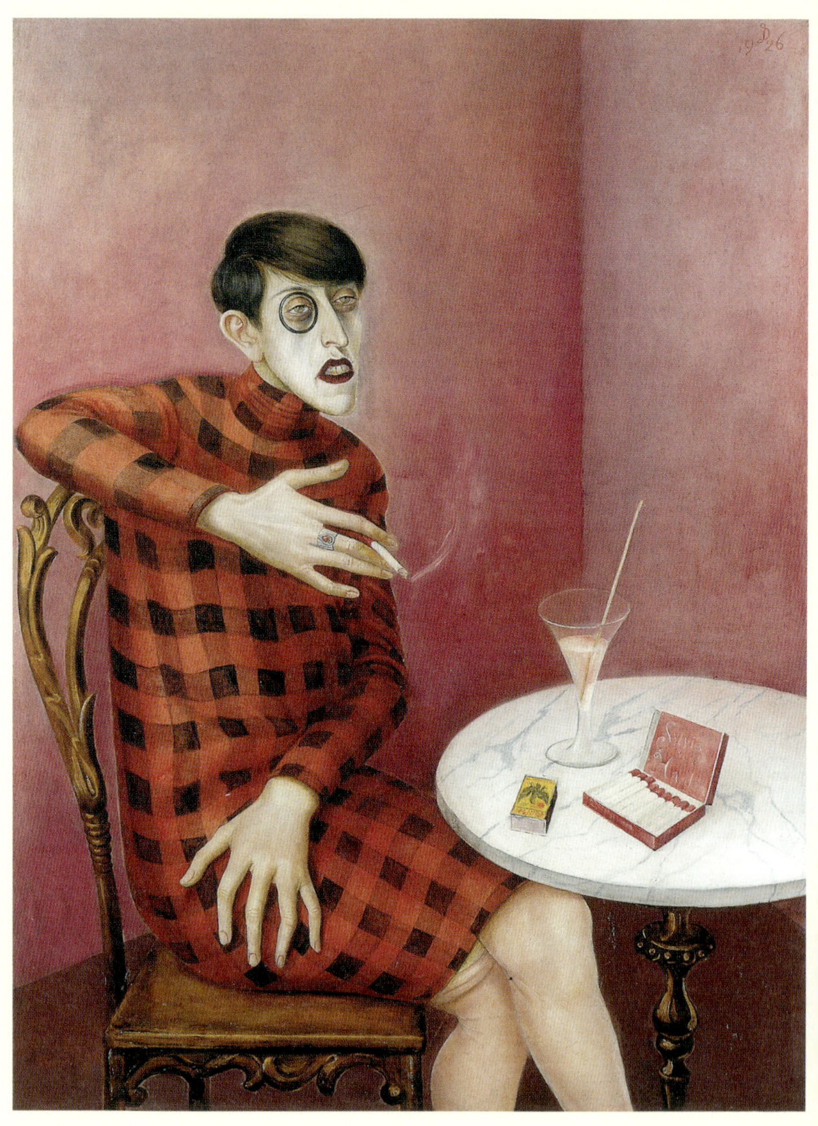

18 – Bildnis der Journalistin Sylvia von Harden, 1926,
Centre Georges Pompidou, Paris

Anbetung eines fanatischen Kriegsgottverehrers als pazifistisches Propagandamittel sein». Denn Dix sei «besessen von dem Machtgedanken des Abscheulichen», aber auf der «Beschwörung aus Abwehr und Gebanntsein» beruhe «die Damönie der großen Satire», nämlich ebenso stark «in den Bannkreis des Verneinten hineinzuziehen als abzustoßen». Damit entwickelte Ernst Kállai eine erste, weithin gültige Analyse der Ambivalenz und folglich der offenen Deutungsmöglichkeiten des Gemäldes.

Erweist sich bei einer solchen Durchsicht der zeitgenössischen Kritiken, dass die Interpreten bislang dank ihrer eigenen ideologischen oder moralischen Einstellungen denkbar konträre Lesarten praktiziert hatten, wurde nunmehr objektivierend aus der kunstästhetischen Übersicht argumentiert. Damit war die Grundlage für eine differenzierte Auseinandersetzung mit Dix' Werk gelegt.

Doch dann kamen die Nationalsozialisten mit ihren vernichtenden politischen Maßnahmen, und schließlich lebten im Zuge des Kalten Kriegs die alten Kontroversen für einen Moment wieder auf, als der Stuttgarter Otto Conzelmann 1983 in einer polemischen Buchpublikation Dix vom Ruf des pazifistischen Malers zu befreien versuchte; das seien lediglich Ideen der allesamt marxistisch eingeschworenen Dix-Interpreten. Es entspann sich ein öffentlicher Disput. Als *Der Spiegel* am 16. April 1985 darauf zurückkam, war klar, dass sich die alten Positionen erneuert und im Kalten Krieg verhärtet hatten: von links erschien Dix politisch als Pazifist, von rechts sollte er entpolitisiert werden. Wiederum gaben die ideologischen Voreinstellungen den Ausschlag.

Und das weitere Schicksal des *Schützengraben*-Bildes? Unter politischem Druck fand sich der Kölner Museumsdirektor Hans F. Secker 1925 gedrängt, es, wie von Meier-Graefe gefordert, an Nierendorf zurückzugeben; Secker selbst musste gehen, womöglich infolge des Bilderstreits. Liebermann meinte, das Werk gehöre wegen seiner historischen und künstlerischen Bedeutung in die Nationalgalerie Berlin. Doch erwarb es, als Dix an die Dresdner Akademie berufen worden war, 1928 das dortige Stadtmuseum unter Hans Posse, der es aber kaum der Öffentlichkeit präsentierte. Das Werk war, schrieb Olaf Peters, «vom provozierenden Besuchermagneten zum angefeindeten Zeitdokument herabgesunken.» Es ist seit Ende des Zweiten Weltkriegs verschollen.

Das Thema Krieg sollte Dix weiterhin bewegen. Der 1924 publizierte Radierungszyklus *Der Krieg* hatte eine große Resonanz, machte unter Kunstkritikern aber nicht mehr den Wirbel wie das Gemälde *Schützengraben,* dafür wirkten seine prägnanten, eindringlichen Bilder vom ersten Moment an in die Breite (Abb. 19 und 20). Stets wurde und wird der Zyklus in seinem künstlerischen Rang mit dem bedeutendsten kunsthistorischen Werk zum Thema, Goyas *Desastres de la guerra,* gleichgesetzt. Die Initiative zu der Radierungsfolge ging offensichtlich von dem damals im Berliner Kultusministerium tätigen Kunsthistoriker Wilhelm Waetzold aus, der sich von Dix – ausdrücklich Goya in Erinnerung rufend – bildnerische Propaganda gegen die französische Besatzung des Ruhrgebiets wünschte. Von Propaganda konnte dann allerdings nicht die Rede sein: Dix vertiefte auf seine eigene Weise die Auseinandersetzung mit der Kriegsthematik. Im Sommer 1923 begann er in Düsseldorf die Arbeit, führte sie winters in Saig im Schwarzwald während eines Besuchs im Haus des Malerfreundes Arthur Kaufmann fort und beendete sie im Sommer 1924 bei der Familie seiner Frau in St. Goar am Rhein.

Der Zyklus besteht aus 50 Radierungen und Aquatinten in fünf Mappen à zehn Blätter. Verlegt wurden die 70 Exemplare von Karl Nierendorf, der daneben eine günstige Buchhandelsausgabe mit 24 Offsetdrucken in einer Auflage von womöglich 10 000 Exemplaren herausbrachte. Nierendorf nahm den 10. Jahrestag des Kriegsbeginns zum Anlass, eine beispiellose Werbekampagne zu starten. Er ließ die kleine Publikation in 15 Städten in Buchhandlungen ausstellen, verschickte nach eigenem Bekunden 500 Rezensionsexemplare und bedachte zum Antikriegstag Gewerkschaften mit 1500 Exemplaren ebenso wie Friedensorganisationen, Bildungsinstitute und etliche namhafte Schriftsteller. Außerdem überließ er einer ganzen Reihe deutscher Museen den eigentlichen Zyklus zur zeitweiligen Aus-

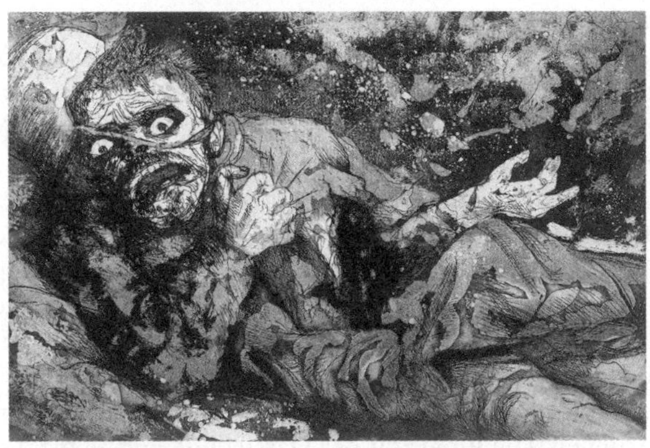

19 – Der Krieg / Verwundeter (Herbst 1916, Bapaume), 1924 (Krieg-Zyklus)

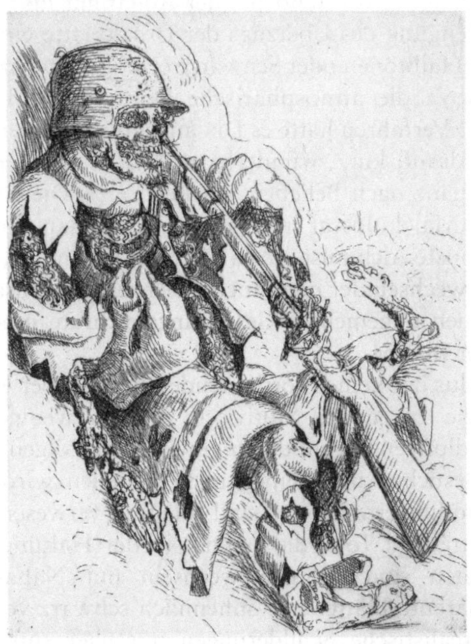

20 – Der Krieg / Toter Sappenposten, 1924 (Krieg-Zyklus)

stellung. Größere Propaganda, teilte er Dix mit, sei für ein Mappenwerk noch nicht gemacht worden. Die Presseresonanz war folglich überwältigend, und so konnte Nierendorf am 18. August 1924 an Dix schreiben: «Du bist nun ein berühmter Mann und in ganz Deutschland bekannt.»

Im Unterschied zum Gemälde vermag der Zyklus durch unterschiedliche Perspektiven, Tonlagen, Motivansichten und Gestaltungsformen die Erfahrung des Kriegs in großer Komplexität so wiederzugeben, dass sich im Betrachter zusammengesetzt ein überwältigendes und verstörendes Bild ergibt. Kein anderes bildkünstlerisches Werk aus dem 20. Jahrhundert ist gleichermaßen erschreckend tief in die unmittelbare Kriegsthematik eingedrungen. Die Intensität der Darstellungen ist ganz wesentlich auf die ätzende Radiertechnik zurückzuführen, die das Zerstörerische und das Unausweichliche der Ereignisse einprägsam inhaltlich steigert, während bei der Aquatinta die Säure nach der Aufsprengung des Überzugs der Druckplatte eine Flächenstruktur in Halbtönen oder Schwärze erzeugt und damit bei Dix wie bei Goya die atmosphärische Dramatik und Düsternis schafft. Das Verfahren hatte es Dix angetan: «Säure abwaschen, Aquatinta drauf, kurz, wunderbare Technik, mit der man die Stufungen ganz nach Belieben arbeiten kann. Die Mache wird mit einem Mal kolossal interessant; wenn man radiert, wird man der reinste Alchimist». Ätzradierung, Kaltnadel, Aquatinta und deren wechselnder oder auch gleichzeitiger Einsatz erlaubten Dix einen ungemeinen Gestaltungsreichtum innerhalb der Abfolge der Blätter.

Der Zyklus hat keinen fortlaufenden Inhalt, aber es liegt eine Dramaturgie zugrunde. Motivisch geht es weniger um die Kampfhandlungen als um deren grauenhafte Folgen, aber auch von den Besuchen in Kneipen und Bordellen wird berichtet. Vielfach modifizierte Motive sind tote und verwesende Körper oder Skelette und Tote, die erstarrt in der Haltung Lebender aufgenommen sind. Totalen wechseln mit Nahaufnahmen, hell-transparente Blätter mit unheimlich schwarz verfinsterten, detailliert-realistische Schilderungen mit eher summarischen, zuweilen auch abstrahierenden, das Erschütternde mit dem

Grotesken. Auf einen Toten folgt eine weite zerstörte Landschaft und auf die Landschaft eine Stadt in Trümmern, dann ein Sterbender mit seinen grässlichen Wunden von ganz nah, darauf eine von Leichen übersäte Landschaft.

Erneut nutzte Dix den Wechsel der Bildtechniken oder deren Kombination, um größte stilistische Vielfalt bei unterschiedlichen Motiven zu erreichen. Die Techniken wurden durchgehend experimentell gehandhabt. In der Dix' Frühzeit hatten die Stile das Motiv und in der Kriegsphase die Techniken den Stil bestimmt, in den *Krüppel*-Bildern die verschiedenen Realitätsebenen der eingesetzten Mittel das Bild von der zerrütteten Welt begründet, und in der folgenden *Salon*-Phase hatte die Synthese von Illusion und Desillusion die inhaltliche Doppelbödigkeit ermöglicht. In den *Krieg*-Radierungen prägt die Machart nicht nur die Inhalte, sie ist auch selbst Teil der Inhalte. Das macht sich vor allem bemerkbar, wo Dix die Aquatintasäure, die Kaltnadel oder die Radierung so einsetzte, dass sie eine Aufplatzung der Haut, eine Wunde, ein Einschussloch im Kopf oder Hautblasen von Giftgas nicht beschreiben, vielmehr wirken die Bildtechniken wie die Ursachen für die Verletzungen: Säure und Nadel sind es, die gewaltsam in den verletzlichen Körper eindringen und ihn von innen her auszehren. «Die Säure», schrieb Jörg Schneider in *Religion in der Krise* (2005), «übernimmt den organischen Prozess der Verwesung auf der Radierplatte.» In Analogie zu den realen Prozessen werden die Bildtechniken dazu herangezogen, die Intensität der Aussage aufs Äußerste zu steigern.

Dix griff kaum auf die eigenen Zeichnungen und Gouachen aus dem Krieg zurück. Zu den Anregungen und Quellen gehörten Fotos aus dem Krieg, die Hugo Erfurth ihm besorgte oder die bereits in Büchern veröffentlicht waren, Skizzen, mit denen er in der Kapuzinergruft von Palermo mumifizierte Leichen festgehalten hatte, graphische Werke von Urs Graf, Jacques Callot und Goya, wie er sie sich im Basler Museum hatte vorlegen lassen. In ihrem Erlebnisgehalt sind diese Blätter authentisch, jedoch als Szenen keine Wiedergaben von tatsächlichen Geschehnissen, sondern zusammengesetzte Bilder, Konstrukte wie alle seit dem Ersten Weltkrieg entstandenen Werke von Dix. Entscheidend war die Fähigkeit, aus den eigenen Erinnerungen wie aus den fremden Bildern szenisch schlüssig eine Imagination zu entzünden, die durch Überziehen und Verdichtung weit über die Reportage hinaus gültige, erschreckend gültige Bilder erschafft.

Ein Unterschied zu den *Desastres* ist bezeichnend: Goya kommentierte das Bildgeschehen in den Titeln, er bezog, wie Kira van Lil formuliert hat, «selbst Stellung zu dem, was er sah und festhielt». Genau das aber habe Dix vermieden und die «betonte Nüchternheit des Blicks» angestrebt. Dieser nüchterne Blick erfasste extreme Details, die jedoch vom Autor nicht beurteilt wurden, sondern dem Betrachter zum Urteil überlassen sind: Der Schrecken entsteht im Betrachter. «Entrüstung kann man nicht malen», äußerte Dix einmal.

Auf die Offenheit, die Ambivalenz seines Werks legte Dix schon früh Wert, wie man einer programmatisch-ironischen Äußerung in seinem Lebenslauf entnehmen möchte, die in einem Geraer Ausstellungskatalog von 1996 zu finden ist: «Ich füge nur noch hinzu, dass ich weder politisch noch tendenziös noch paczifistisch oder moralisch oder sonst wie bin. Auch nicht symbolisch auch nicht französelnd malend – nicht für & nicht gegen bin.» Geschrieben wurden diese Zeilen vermutlich 1924, also genau in dem Moment, da er mit dem *Krieg*-Zyklus befasst war und da der Streit um das *Schützengraben*-Bild wegen seines politischen oder moralischen Gehalts kulminierte. Dix bestand nun ausdrücklich auf der mehrsinnigen Ausdeutbarkeit des Werks – mit der Folge, dass ein vorhandenes Weltbild je individuell bestätigt oder auch erschüttert oder gänzlich infrage gestellt werden kann.

In den Aquarellen aus den frühen Zwanzigerjahren herrschten die ausgemergelten und umso auffälliger hergerichteten Huren vor, im *Krieg*-Zyklus sind es die toten oder entstellten Frontkämpfer, zuvor standen die Krüppel thematisch im Zentrum: Stets sind Dix' Protagonisten schwer zu Schaden gekommen, demoliert, an den Rand der bürgerlichen Gesellschaft verschoben, in vielen Fällen Opfer von (individueller oder kollektiver)

Gewalt. Selbst wenn die gesellschaftlichen Verlierer – wie die Huren – sich noch einmal aufmachen, wirkt die Szene trostlos und ohne Aussicht. Befasste Dix sich auf diese Weise eindringlich mit dem extrem Typischen, leitete ihn nicht etwa eine soziale Absicht, auch keine politische, er führte seine defekten Figuren keineswegs sozial als Zukurzgekommene oder nur Erbarmungswürdige vor. Die Huren wie die Krüppel und die Versehrten sind Gestalten von eigenem Gesetz; Opfer mit Existenzrecht.

Dix hatte von vornherein das andere, das Außergewöhnliche, Randständige interessiert, und sei es die gewaltsame Verunstaltung, der Mord oder die Perversion. Deshalb bot besonders der Krieg alles, was er für seine Kunst brauchte, was ihn abstieß und faszinierte, an der Front und in den Bordellen. Wie die Krüppel sind deshalb auch die Huren und die ausgeschiedenen Frontkämpfer die signifikanten Inbilder für den aktuellen Stand der Verkommenheit der bürgerlichen Gesellschaft.

Im Unterschied zu Max Beckmann, der bereits 1917 mit dem riesigen, unvollendet gebliebenen Gemälde *Auferstehung* ein mythologisch überhöhtes, definitives Resümee seiner Kriegserfahrungen gezogen hatte, ging bei Dix die Beschäftigung mit dem Thema weiter, vor allem mit zwei monumentalen Werken: 1929 bis 1932 schuf er das Triptychon *Der Krieg* (Abb. 33) und 1934 bis 1936 das Gemälde *Flandern.*

«Sie repräsentieren eine ganze Zeitepoche»

Bildnisse 1923–1926

Nach der ereignisreichen Zeit in Düsseldorf siedelte Otto Dix mit seiner Frau Martha und der zweijährigen Tochter Nelly – wohl auch auf Betreiben des Kunsthändlers Karl Nierendorf – 1925 in das kulturell entschieden attraktivere Berlin um. Man wohnte in Charlottenburg am Kaiserdamm 20, das Atelier fand sich am Kurfürstendamm 190. Ein Exklusivvertrag mit Nierendorf sicherte die Existenz. Der Wechsel in das großstädtische

Milieu mit seinen Intellektuellen, Entertainern, Künstlern und sicher auch die vorübergehende Beruhigung der politischen Verhältnisse hatten eine Umstellung der Motive zur Folge. Nicht mehr die kleinen Leute, die sozialen Fälle, die Krüppel und der Krieg, die Prostituierten und die Lustmorde waren weiterhin die Hauptmotive, vielmehr rückte neben ersten allegorischen Szenen die bereits in Düsseldorf begonnene Reihe von Bildnissen ins Zentrum. Sie sollten sich zu einer einzigartigen Galerie einprägsamer Gestalten der Zeit fügen. Dichter sind darunter und Maler, Kunsthändler und Anwälte, Ärzte, eine Tänzerin und eine Journalistin, ein Psychiater und ein Philosoph, ein Fotograf, ein Drucker, ein Schauspieler. Was mögen diese Bilder über die Personen und gar über ihre Zeit aussagen, was über den Porträtisten – und wie gliedern sie sich ins bisherige Werk ein?

Bildnisse waren in der Moderne ein sehr häufiges Motiv, nun aber weniger auf Ähnlichkeit und Repräsentation ausgelegt. Sie lassen sich auf ganz unterschiedliche Beweggründe zurückführen und haben dementsprechend divergente Funktionen. Programmatisch gemeint aber sind sie allemal. So hatte sich zur Zeit von Edgar Degas in Frankreich die Vorstellung ausgebreitet, ein Bildnis solle nicht auf die Individualität des Dargestellten beschränkt sein, sondern zugleich das modere Leben – *la vie moderne* – vergegenwärtigen. Daher sind die Bildnisse von Degas, Édouard Manet und die einschlägigen frühen Arbeiten von Auguste Renoir als lebhafte Zeugnisse der Erneuerung des intellektuellen und künstlerischen Lebens im Paris der 1860er und 1870er Jahre zu verstehen. Dagegen entwarf Edvard Munch in seinen Porträts aus den 1880er Jahren – *Karl Jensen-Hjell*, *Hans Jæger* – ein Wunschbild von sich selbst als aufrührerischem Künstler; im ersten Jahrzehnt des 20. Jahrhunderts stellte er dann seine Sympathisanten dar und entwarf damit eine Galerie der Förderer der Moderne in Deutschland, was zugleich ein nachdrückliches Bekenntnis des Künstlers zur Bedeutung der Sammler und Auftraggeber war. Als dagegen Picasso in der kubistischen Phase seine vier Pariser Kunsthändler prominent porträtierte, demonstrierte er nach innen den Zusammenhalt der Pariser Avantgarde im Sinne des neuen kunstrevolutionären Stils, des Kubismus, und nach außen die gemeinsame, konkurrenzlose Stärke auf dem Markt. Bei Oskar Kokoschka hingegen bildeten die Porträts von Freunden, Förderern und Gleichgesinnten aus der Zeit um 1910 eine Phalanx gegen die seine Kunst ablehnende Außenwelt; sie bekundeten anschaulich, diese charaktervollen, nachdenklichen, unverwechselbaren Menschen stünden ganz und gar für die neue Kunst ein – sei es Malerei, Musik oder Dichtung –, und damit auch für ihn, Oskar Kokoschka. Und im Fall Dix?

Zunächst wird man generell zwischen den Aufträgen und den Bildnissen aus freien Stücken entscheiden müssen. Der Auftrag hat naturgemäß ein eher offizielles oder jedenfalls tendenziell entgegenkommendes Porträt zur Folge; zuweilen entsteht es aus Gefälligkeit. Das Bild aus freien Stücken dagegen wurzelt eher in der persönlichen Sympathie, der malerischen Intention oder einer künstlerischen Strategie; es entspricht unmittelbar dem Ausdrucksverlangen und dem Bekenntnis des Künstlers zur Haltung des Dargestellten und ist daher in der Regel entschiedener, wenn nicht radikaler in Form und Ausdruck. Bei Dix klaffen die Gestaltungsimpulse in beiden Gruppen bereits in den 1920er Jahren auseinander. Die Aufträge sind zumeist spürbar vom Verlangen nach Ähnlichkeit und bürgerlicher Ordnung bestimmt und kommen deshalb kaum über die Wiedergabe des Äußeren der Personen hinaus. Dix' Bildnisse aus eigenem Antrieb jedoch entstammten schon bei der Wahl der Dargestellten einem künstlerischen Vorhaben, das es erlaubte, mehr als nur die Charakteristika der einzelnen Person einzufangen, und deshalb nahelegt, Zeitbezüge darin abzulesen.

Wer waren – außer seinen Eltern, der Tochter und der Ehefrau – einige der Porträtierten? Max John hatte in Dresden für Felixmüller und Dix Holzschnitte gedruckt, er betätigte sich auch als Arbeiterdichter und ging Dix gelegentlich im Atelier zur Hand. Der Schriftsteller Heinar Schilling, den Dix im Zusammenhang mit der *Dresdner Sezession* kennenlernte, trat als Sozialist und Aristokrat und Germanenforscher auf, später als Nationalsozialist, eine schillernde Figur. Karl Krall war ein mit

Dix befreundeter Juwelier und Sammler in Elberfeld, Adolf Uzarski Maler, Mitgründer des *Jungen Rheinland* und linker Aktivist. Der jüdische Rechtsanwalt Hugo Simons vertrat Dix in Düsseldorf erfolgreich bei zivilen Rechtsstreitigkeiten. Die von Skandalen umwitterte Schauspielerin und Showtänzerin Anita Berber lernten Otto und Martha Dix 1925 bei Auftritten in Düsseldorf kennen; sie freundeten sich mit ihr an. Die Schriftstellerin und Journalistin Sylvia von Harden traf Dix nach deren Bekunden zufällig im Romanischen Café in Berlin. Dem Vagabundendichter Ivar von Lücken begegnete Dix in Dresden und dann wieder in seiner Berliner Zeit. Sie alle waren Sonderlinge aus dem persönlichen Freundes- oder Bekanntenkreis des Malers – und zugleich typische Erscheinungen in Kunst und Kultur der Weimarer Republik.

Der provozierend kahlköpfige *Karl Krall* mit seiner geblähten Brust, der weiblich schmalen Taille, den ausgestellten Armen, den exaltiert gehaltenen Händen mit den langen spitzen Fingernägeln ist durch und durch eine theatralisch agierende Kunstfigur (Abb. 21). Die roten und braunen Töne bestimmen auch den Hintergrund mit dem voluminös gebauschten, die Szene überhöhenden Vorhanggebilde. Den Kopf mit dem sinnlich geschwungenen Mund und dem schräg-verhangenen Blick bringt ein befremdliches Rot zum Glühen. Man hat einen ausgefallenen Charakter im modischen Outfit vor sich, der nicht nur als Individuum auftritt, sondern auch als Verkörperung einer extravagant-androgynen Haltung, die sehr selbstbewusst vorgetragen wird. Das Schrille der Zeit leuchtet darin auf.

In eine völlig andere Welt führt das Bildnis *Dr. Fritz Glaser* vom Anfang der 1920er Jahre. Der Dresdner Anwalt, der sich im Rahmen der «Roten Hilfe» für politische Angeklagte einsetzte, war ein passionierter Dresdner Dix-Sammler. Etwas verkrümmt und eingeengt sitzt er mit großem, charakteristischem Kopf ungelenk vor einer teils geöffneten oder noch nicht fertiggestellten Wand, dahinter eine Prunkfassade im Schnee. Das ist eine überaus merkwürdige Konstellation. Das rot triefende Auge und die betont große Nase setzen noch einen weiteren verstörenden Akzent. Olaf Peters hat darauf hingewiesen, dass

Dix hier nicht nur den Auftraggeber mit seinen persönlichen Merkmalen darstellen, sondern ihn zugleich gesellschaftlich interpretieren wollte. Angesichts des in Deutschland als Folge des verlorenen Weltkriegs stark zunehmenden Antisemitismus «führte der Künstler dem assimilierten Juden die fundamentale Ungesichertheit seiner Existenz vor Augen». Es handelt sich also um ein individuelles Porträt und darüber hinaus auch um das Inbild einer zeittypischen Erscheinung, der rassistischen Bedrohung.

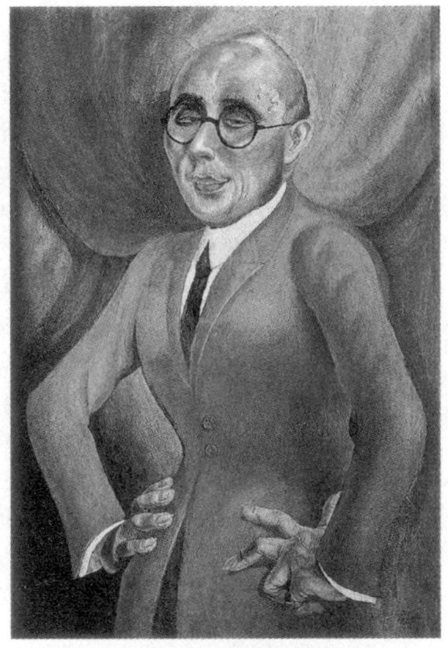

21 – Bildnis des Juweliers Karl Krall, 1923, Von der Heydt-Museum, Wuppertal

Über das Entstehen des *Bildnisses der Journalistin Sylvia von Harden* (Abb. 18) wissen wir etwas mehr als sonst bei Dix üblich, weil die Dargestellte später darüber berichtet hat (*Frankfurter Rundschau,* 25. März 1959). Nach einer zufälligen Begegnung im Romanischen Café habe er sie angesprochen: «Ich muss Sie malen! Ich muss!» Sie habe eingewendet, ihre lange Nase, der dünne Mund, die langen Hände und die kurzen Beine würden «jedermann nur abschrecken, aber niemand erfreuen». Dix habe geantwortet, nicht auf die äußerliche Schönheit komme es ihm an, sondern auf «die psychische Verfassung». Im Atelier setzte er sie wortlos auf einen verzierten Stuhl vor einen runden Marmortisch. «Ohne dass er mich in Position brachte, schlug ich meine Beine übereinander, rollte eine Zigarette zwischen meinen Fingern und stützte den Arm auf die Lehne. Er stellte ein Glas auf den Tisch und meine Zigarettenschachtel daneben.» So weit die knappe Inszenierung im Atelier. Mit dem sackartigen Kleid, den übergroßen Händen, dem Bubikopf, dem Monokel und den Zigaretten erscheint Sylvia von Harden nun als eine singuläre Gestalt in der leeren Ecke eines Kaffeehauses.

Dix hatte Sylvia von Harden mit der bezeichnenden Begründung ins Atelier gebeten: «Sie repräsentieren eine ganze Zeitepoche!» Sie war keine Berühmtheit und nach Fotos zu urteilen auch keine Schönheit und keine ideale Erscheinung, was bildlich durch den verrutschten Strumpf veranschaulicht ist. Dix aber sah in ihr – über das sehr wohl betonte Individuelle hinaus – etwas die Zeit Umfassendes, das er im Bild nur noch durch das Überziehen ganz anschaulich machen musste. Sie wirkt wie ein zusammengesetztes Gebilde, das im Habitus, mit der Gestik und der Mimik dezidiert geschlechterübergreifend unabhängigen Bohemegeist exzentrisch verkörpert. Die vorherrschenden Rot- und Rosatöne des karierten Kleides, der Wand und selbst noch der Zigarettenschachtel wie der Zigarettenfilter verbürgen offensiv die Relevanz dieser emanzipatorischen Haltung. Dazu tragen auch der Anflug von Überheblichkeit in der Haltung des maskenhaft geschminkten Gesichts mit dem langen Kinn, der abschätzige, am Betrachter vorbeiführende Blick und die abwehrenden Hände bei: ein Schnappschuss der Epoche.

Aufschlussreich ist ein Vergleich mit den Arbeiten des Fotografen August Sander. In seinem groß angelegten Werk *Menschen des 20. Jahrhunderts* wollte er «ein Zeitbild» anhand von umstandslos aufgenommenen Einzelpersonen oder kleinen Gruppen geben. Wo er sie namenlos wiedergab, erscheinen sie als Typen: *der* Konditormeister, *der* Handlanger, *die* Dame der Gesellschaft, *der* Fabrikant. Sie stehen für einen Berufsstand oder einen gesellschaftlichen Status; das Individuelle der aufgenommenen Personen ist deshalb zurückgenommen. Mit dem Klassifizieren und Typisieren gehen zuweilen fragwürdige Generalisierungen einher. Ganz anders bei Otto Dix. Der Juwelier oder die Journalistin repräsentieren keinen Berufsstand. Sie sind als ausgeprägte Individuen zum Bildmotiv geworden, und als Individuen stehen sie für eine zeittypische Tendenz oder eine Haltung, sind also singuläre Persönlichkeit und zugleich Verkörperung eines Zeitaspekts.

Das gilt in besonderem Maße für das *Bildnis der Tänzerin Anita Berber* (Abb. 24). Ein aggressives, blendendes Rot in all seinen kalten und warmen, hellen und dunklen Varianten beherrscht das ganze schmale Hochformat: die Figur wie den Hintergrund. Das Gelbrot der Haare, das giftige Rot der überschminkten Lippen im weiß gepuderten Gesicht und das Schwarz der Augenmarkierung pointieren das Besondere dieser Gestalt. Zudem bilden Aufhellungen rund um die Figur eine Aura zu ihrer Erhöhung. Das Kleid bedeckt den Körper hauteng, der überlange linke Arm fügt sich schlangenartig an den Leib. Kein Möbelstück und kein Attribut kennzeichnen die Dargestellte, charakterisiert ist sie allein durch das Biegsame der Körperhaltung, den betonten Blick nach draußen und die grelle Farbgebung. «Ihr Blick», schrieb Eva Karcher, «ist starr, ins Leere gerichtet und erweist sich bei näherer Betrachtung als eher verzweifelt und verlassen, denn als überlegen und spöttisch-kokett, wie sie sich vorzugeben bemüht».

Anita Berber trat als Schauspielerin und Tänzerin vielfach in Filmen und mit *Tänzen des Lasters, des Grauens und der Ekstase* (so eines ihrer Programme) auf internationalen Bühnen auf. Sie lebte exzessiv, war den Drogen verfallen, provozierte wiederholt Skandale und wurde gelegentlich kriminell; sie starb nach einem Zusammenbruch auf einer Tournee in den Nahen Osten 1928 im Alter von nur 29 Jahren in Berlin. Otto Dix vergegenwärtigte sie als fragile Existenz und Persönlichkeit. Zugleich verkörpert diese einzigartige Gestalt das Frivole und Verruchte als Zeichen der Zeit. Wiederum findet sich hier der für die Bildnisse nunmehr bezeichnende Doppelsinn von Individuellem und Zeittypischem in prägnant und rückhaltlos gezeichneten Charakteren.

Als ein wesentliches Bildelement fallen in diesen Porträts die Hände auf. Oft sind sie auffällig vergrößert oder verkleinert, folgen also einer eigenen Maßstäblichkeit und bilden dabei eine spezifische Zeichensprache aus. Dix hat einmal geäußert, eine Hand sei «nicht nur eine Flosse, die man ohne weitere Mühe hinmalt», vielmehr entspräche sie «in ihrem Ausdruck vollkommen dem Charakter des Dargestellten». Folglich wird er die

Gestik seiner Modelle besonders scharf beobachtet haben. Jedenfalls ist jeder Figur in den Bildnissen eine spezielle, stark herausgehobene Handhaltung eigen, die nicht entzifferbar ist wie eine Gebärdensprache, aber doch entschieden zur Charakterisierung dieser Figur beiträgt. Mit diesen dezidierten Gesten verlieh Dix der Gattung Bildnis einen zusätzlichen körpersprachlichen Faktor. Gesten signalisieren Handlung und Aktion, Selbstausdruck und dessen Kommunikation nach außen. Mit den «sprechenden Gebärden» stellte Dix die spezifische Außenwirkung der jeweiligen Persönlichkeit heraus.

Bei Karl Krall wird mit diesem Mittel die Eitelkeit noch einmal betont, bei Sylvia von Harden das Wahren des Eigensinns durch Distanzierung und Abgrenzung. Ivar von Lücken erscheint durch die Form seiner Hände besonders hilflos und hilfsbedürftig, Adolf Uzarski tritt als extrovertierter, mitteilungsfreudiger Erzähler auf und Alfred Flechtheim als Herr der Bilder, ein Herrscher in der Welt der Kunst. Heinar Schilling schottet sich in seiner verkrampften Zwielichtigkeit ab, macht sein Inneres unzugänglich. Fritz Glaser scheint mit seinen kleinen weichen Händen in sich zurückgezogen und wehrlos auf sich gestellt, während der Rechtsanwalt Hugo Simons als rhetorische Begabung ausgewiesen ist, mit den Händen anschaulich präzis agierend (Abb. 22). Dagegen führen die Eltern des Künstlers demonstrativ ihre schweren Arbeitshände vor. So liefern die Gebärden einen bildlichen Beitrag zur persönlichen Biographie der Dargestellten. Und durch ihren Handlungscharakter vermitteln sie zwischen dieser Person und dem Betrachter, dem sie einen zusätzlichen Zugang zum Eigensinn des Dargestellten eröffnen.

Den Vorgang des Porträtierens hat Dix 1965 kurz beschrieben: Er habe meistens eine genaue Zeichnung vom Modell gemacht, die dann auf die Leinwand übertragen worden sei, darauf folgte die Untermalung, ebenfalls nach dem Modell. «Danach erst kam das Eigentliche: das Malen *ohne* Modell.» Denn vor dem Modell sähe man lauter Details, es werde alles «zu naturalistisch», das Bild «immer weniger einfach und groß». Also habe es gegolten, «die Arbeit ohne Modell fertigzumachen». Das ist der entscheidende Schritt vom realistischen Abbild zum

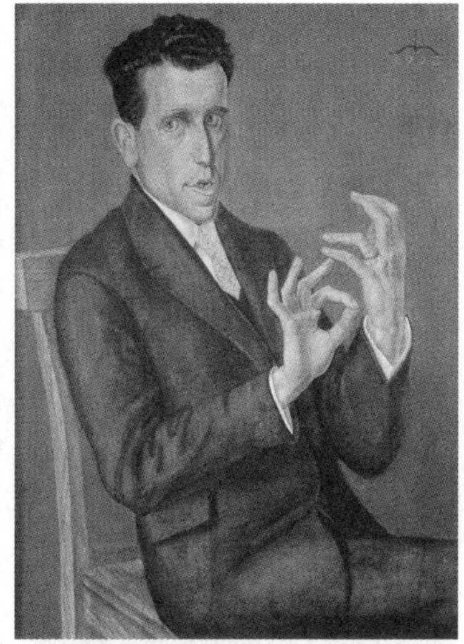

22 – Bildnis Rechtsanwalt Dr. Hugo Simons, 1925, Musée des Beaux-Arts de Montréal

zeitanalytischen Inbild. Einen solchen Schritt – wenngleich mit anderem Ziel – hatte auch Picasso vollzogen: Viele Monate lang saß die amerikanische, in Paris lebende Schriftstellerin Gertrude Stein ihm 1906 Modell. Plötzlich gab er auf und wischte den Kopf aus. Monate später nahm er die Arbeit wieder auf, nun ohne Modell ausschließlich aus der Erinnerung malend. Die physiognomischen Details verschwanden, stattdessen entstand ein streng formalisierter Kopf, der die Formverschachtelungen des Kubismus ankündigt. Der Vorgang gilt als Wendepunkt in der Porträtkunst. Denn solche Verfremdung ist die für die Moderne bezeichnende revolutionäre Absage an die Ähnlichkeit des Bildnisses. Dank der Distanzierung vom Modell konnte man sich die Freiheit nehmen, die Person auch nach formalen oder über sie hinausgehenden inhaltlichen Belangen auszugestalten und damit der spezifischen Bildlogik zu entsprechen.

Diese Freiheit brauchte auch Dix, um das Charakteristische seiner Wesen auf subjektive Weise ausdrucksstark, wenn nicht extrovertiert auszuformen. Dazu trägt die besondere Funktion der Gestik bei, aber auch – bei Karl Krall, Sylvia von Harden und Anita Berber – die Beschränkung auf eine Hauptfarbe mit ihren Nebentönen, also der Verzicht auf Details und Lokalfarben. So kam es zu jener «kaustischen Schärfe», von der Willi Wolfradt 1929 im *Cicerone* schrieb, mit ihr habe Dix die Porträtkonventionen ausgeschaltet.

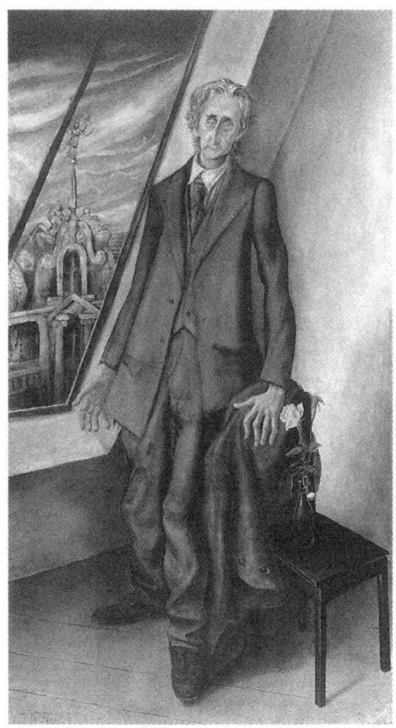

23 – Bildnis des Dichters Ivar von Lücken, 1926, Berlinische Galerie

Ivar (oder Iwar) von Lücken war ebenfalls einer jener sonderlichen Charaktere, die Dix derart anzogen, dass er sich wochenlang mit ihrem Bildnis befasste (Abb. 23). Wie Dix auf der Leinwand eigens vermerkte, war von Lücken Dichter. Mittellos lebte er in Dresden und dann in Berlin. Oskar Kokoschka charakterisierte ihn in seiner Autobiographie: «Ein Bohemien, heimatlos geworden durch die Kriegsumstände, in zerschlissenen Kleidern, tauchte er manchmal auf, nahm ein warmes Mahl ein und hinterließ ein Gedicht. Er hatte die Kunst gelernt, von nichts zu leben und ein Edelmann zu bleiben.» Der Dichterkollege Albert Ehrenstein schrieb 1924 anlässlich von Lückens 50. Geburtstag in der *Zeitschrift für Bücherfreunde,* er lebe «in makelloser Ungedrucktheit, seine Dramen hat er zerrissen, seine Aufsätze hat er verschmissen». Er sei ein Original, ein Enthusiast, ein Phantast.

Lebensgroß steht der Dichter schief in seinem viel zu großen alten Anzug in der leeren Dachkammerecke, leicht gestützt auf einen Stuhl. Der Ausblick aus dem dürftigen Zimmereck durch das hohe Fenster geht auf ein absurd anmutendes neobarockes Architekturkonglomerat, das bekrönt ist von einer Musenskulptur, wie sie sich ganz ähnlich auf der Kuppel des Sächsischen Kunstvereins in Dresden findet; darüber ein aufgewühlter Himmel wie bei Albrecht Altdorfer. Dix griff auf das Muster repräsentativer Fürstenporträts zurück, um den Dichter trotz sei-

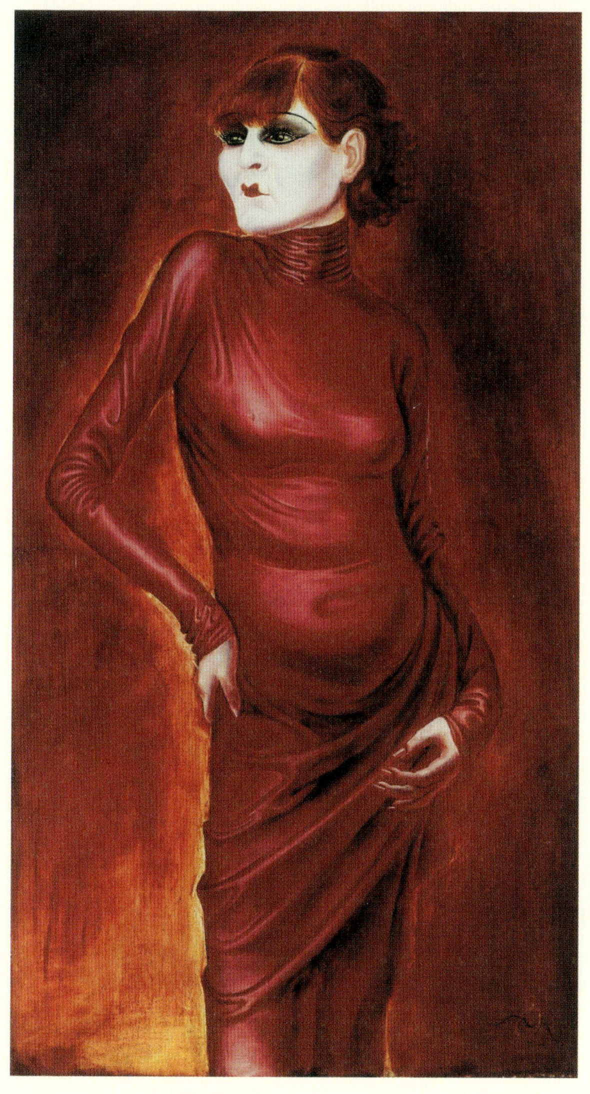

24 – Bildnis der Tänzerin Anita Berber, 1925,
Sammlung Landesbank Baden-Württemberg im Kunstmuseum Stuttgart

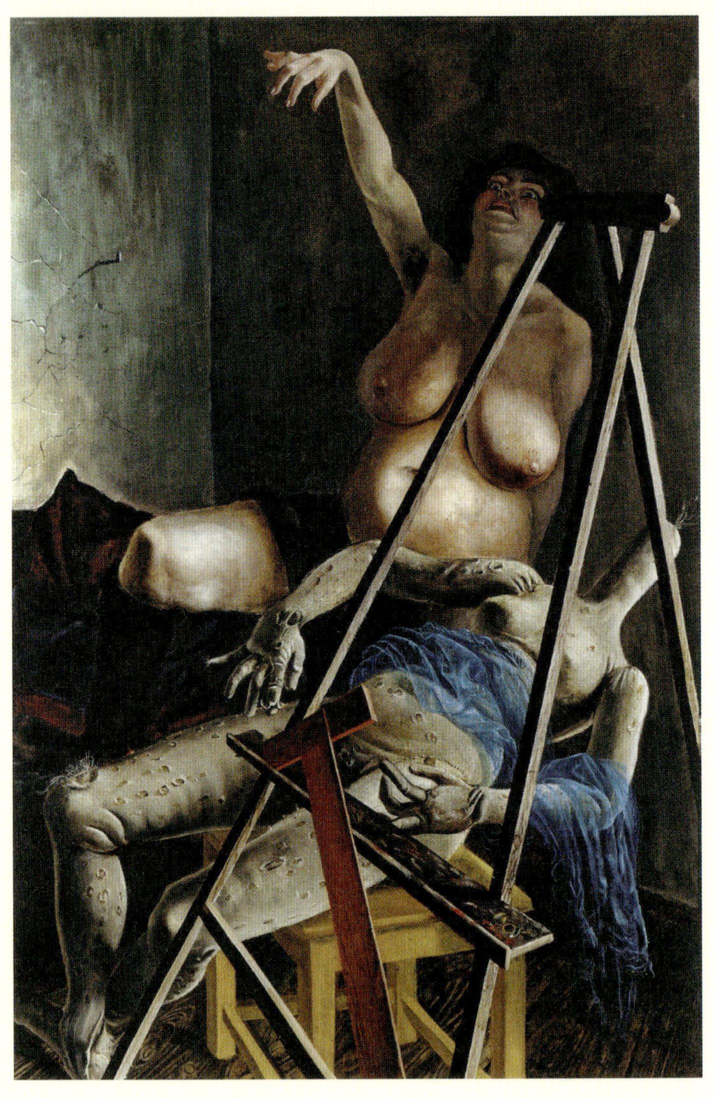

25 – Stilleben im Atelier, 1924, Kunstmuseum Stuttgart

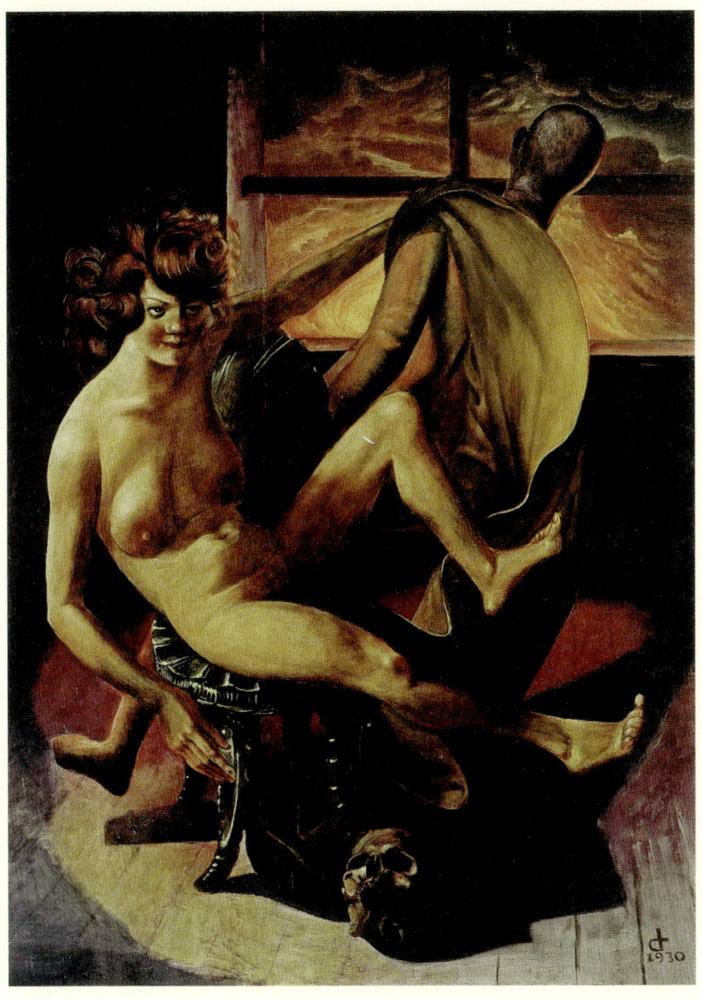

26 – Melancholie, 1930, Dauerleihgabe im Kunstmuseum Stuttgart

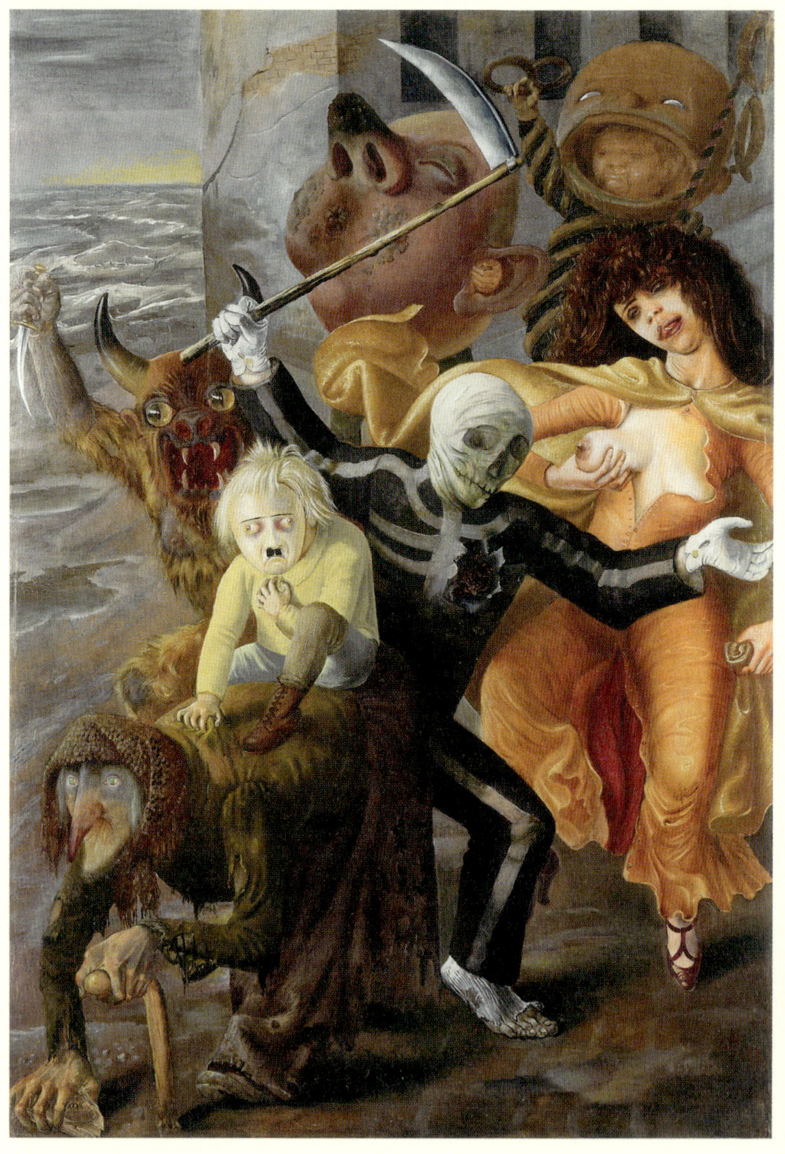

27 – Die sieben Todsünden, 1933, Staatliche Kunsthalle Karlsruhe

ner Abgerissenheit zu würdigen. Die Architekturkulisse dient der Nobilitierung der Gestalt, und «die Muse mit dem Lorbeerkranz», so Diether Schmidt, «schwebt heran zur Krönung des verkannten Poeten». Mit seltener Einfühlsamkeit ist der Dichter charakterisiert.

Ist *Anita Berber,* weil ohne Attribute und mitteilsamen Umraum, eine Figur, die ihren Inhalt ganz und gar aus sich, aus ihrer Körperhaltung und aus der Farbe des Bildes bezieht, gehört *Ivar von Lücken* einer anderen Porträtkategorie an. Die Aufladung durch die sprechenden inszenatorischen Elemente macht das Bildnis zu einer Allegorie. Ivar von Lücken ist der Einzelfall, der allgemeiner für den schwachen sozialen und gesellschaftlichen Stand der avancierten Kunst in neureichem Umfeld steht.

War angesichts des *Schützengraben*-Bildes und der *Salon*-Bilder von der offenen Ambivalenz der Darstellung die Rede, ist den aus freien Stücken geschaffenen Bildnissen der Jahre 1923 bis 1926 gezielt ein Doppelsinn mitgegeben. Schon in der Zeit ihrer Entstehung wurde darauf aufmerksam gemacht. Paul Westheim schrieb 1926 im *Kunstblatt,* bei Dix sei die Neigung unverkennbar, «den Menschen, der ihm sitzt, doch nicht nur einfach als Objekt zu nehmen, sondern in und an ihm wiederum das Absonderliche, das Aufgepeitschte und Ausgeartete der Zeit offenbar zu machen». «Sie repräsentieren eine ganze Zeitepoche», soll Dix, wie erwähnt, Sylvia von Harden gegenüber geäußert haben. Die individuellen Charaktere verkörpern über sich selbst hinaus geltende Haltungen und Lebensweisen: Typisches, Zeittypisches.

Darin unterscheiden sie sich grundlegend von den vielen Porträts anderer Künstler aus den Zwanzigerjahren, deren besondere zeitbedingte Funktion darin lag, zum Entwurf eines republikanischen Selbstverständnisses beizutragen: Sie nahmen sich weniger der herausragenden politischen, gesellschaftlichen oder künstlerischen Prominenz als der selbstsicher werdenden, angemessen zeitgemäß ausgestatteten bürgerlichen Mittelschicht an. Dix dagegen wandte sich – wieder einmal – den Rändern und den Extremen zu. In seinen ausgefallenen Porträts hat er die Weimarer Republik mit ihren zeittypischen Sehnsüchten, Vergnügungen, intellektuellen Aufbrüchen, Gefährdungen und Abgründen Bild werden lassen wie kein anderer.

Die entscheidenden Bildmittel sind bei Dix einerseits strategischer, andererseits technischer Natur, greifen aber unmittelbar ineinander: Zum einen ist es die systematische, zuweilen das Groteske streifende Überzeichnung persönlicher Züge, die sich der methodischen Distanzierung vom Modell verdankt, und zum anderen ist es eine nunmehr von Dix eingesetzte Maltechnik, welche diese Überzeichnungen beglaubigt und damit ins überzeugende Inbild überführt. Darum soll es im folgenden Kapitel gehen.

Jedenfalls erweisen sich die Bildnisse als konsequente Weiterführung und Ausweitung der Dix'schen Werkprinzipien. In der Serie der frühen Selbstporträts hatte Dix die verfügbar gewordenen Stile frei genutzt, um daraus am eigenen Beispiel experimentell und exemplarisch völlig unterschiedliche Typen zu entwickeln. In der unmittelbaren Nachkriegszeit wurden verschiedene Realitätsebenen in die Malerei eingebaut; das Zerstückelte verkörperte sich in der fragmentierten Gestalt des Krüppels. Die darauf folgenden *Salon*-Bilder ebneten das Zerstückelte malerisch ein, ließen aber die Brüche untergründig noch zur Wirkung kommen, indem sie durch partielle Materialimitationen das Wechselspiel zwischen dem Realen und dem Schein fortsetzten. Groteske und Zeitbezug waren weiterhin die Grundcharakteristika. Im *Schützengraben* fand die Überführung in die große Form, das kollektive Schicksal und die Kategorie des Erhabenen statt, dessen inhaltliche Ambivalenz zum Tragen kam. Und in der Folge der gewichtigen Bildnisse mit ihrem Doppelsinn wurde das zeitbezügliche Individuum dem kollektiven historischen Schicksal im *Schützengraben* entgegengesetzt. So entwickelte Dix jeden neuen Werkkomplex mit künstlerischer Konsequenz auch formal eigensinnig aus dem vorherigen.

Stets tut die Malerei bei Dix auf einer vorderen Ebene so, als sei sie eindeutig – realistisch zum Beispiel –, doch zeigen sich bei genauerem Hinsehen die Vieldeutigkeiten, die motivischen Brüche, das scheinbare Homogenisieren der Brüche, die inhaltlichen Balancen, die figürlichen Grenzannäherungen: die Brüche in den *Krüppel*-Bildern, die scheinbaren Homogenisierungen der Brüche in den *Salon*-Bildern, die inhaltlichen Balancen im *Schützengraben* und die figürlichen Grenzannäherungen in den überzeichnenden Bildnissen.

Machart und Moderne

Dix´ Bildtechniken

Den in den Jahren vor dem Ersten Weltkrieg aufkommenden Avantgarden war bei allen stilistischen und nationalen Unterschieden ein gemeinsamer Anspruch eigen: Fußend auf dem von van Gogh und Cézanne inhaltlich genutzten Eigensinn – der Autonomie – der bildnerischen Mittel traten sie an, die Kunst durch weiter gehende Form- und Farbexperimente fundamental zu erneuern. Die Gleichzeitigkeit verschiedenster Macharten wurde das signifikante Kennzeichen der Moderne: vom impulsiven Expressionismus über den formzersplitternden Kubismus bis zur konstruktiven Ungegenständlichkeit. Dabei schien es für einen Moment, als folge die Kunst unaufhaltsam einer Entwicklung zum spontanen Abstrahieren, wenn nicht zur kalkulierten Abstraktion, wie sie zu Beginn des zweiten Jahrzehnts von Kandinsky und anderen erreicht wurde. Jedenfalls galt alles Realistische als veraltet und überwindenswert.

Dann aber kam überraschend der Bruch: zuerst 1912 theoretisch immerhin durch Kandinsky, schließlich 1917 bildnerisch durch Picasso. Kandinsky zog, wie bereits angeführt, in einem Aufsatz für den Almanach *Der Blaue Reiter* aus den neuesten Erscheinungen der Kunst den Schluss, Ungegenständlichkeit und Gegenständlichkeit hätten gleiche Berechtigung, sofern sie einer «inneren Notwendigkeit» entsprächen. Damit war der linearen Entwicklung der Kunst eine Absage erteilt; die widersprüchliche Vielfalt kam ins Spiel. Es folgte mit Picassos altmeisterlich-naturalistisch angelegtem Bildnis *Olga im Sessel* (1917) der abrupte Ausstieg aus einer scheinbar zwangsläufigen

Entwicklung, die Abkehr von jenem abstrahierenden Kubismus, mit dem er selbst zum Inbegriff des Künstlers der Moderne geworden war.

Plötzlich hatten auch Realismen und Maltraditionen, die sich ausdrücklich gegen die modernen Experimente und den Inhaltsentzug stellten, eine Berechtigung in der Moderne, und zwar allerorten. In seiner Programmschrift *Die Rückkehr zum Handwerk* von 1919 forderte der Italiener Giorgio de Chirico die Rekonstruktion des alten Menschenbildes und die Wiedereinführung der herkömmlichen Maltechniken; ihm folgte die konservative Künstlergruppe *Novecento*. George Grosz rückte 1920 mit seinen ingenieursmäßig-nüchternen *Automaten*-Bildern zeitweilig von der politischen Polemik ab, und die *Neue Sachlichkeit* mit ihrer Figürlichkeit, dem Aufgreifen der traditionellen Bildmittel und dem Verzicht auf spontane Handschrift begann sich in den deutschen Kunstprovinzen auszubreiten. Schließlich lieferte 1926 in Frankreich eine Schrift von Jean Cocteau (*Le rappel à l'ordre*) das Schlagwort für die Rückbesinnung: «Der Ruf zur Ordnung». Die experimentelle Machart und der Inhaltsentzug waren in den 1920er Jahren nicht mehr das zentrale und vor allem nicht mehr das maßgebliche Kennzeichen der Moderne.

An diese Wendungen kurz zu erinnern, scheint notwendig, um das Werk von Otto Dix auch aus seinem künstlerischen Kontext zu verstehen. Dadas Zerstückelungen und das Verwerfen des herkömmlichen Bildes waren, wie gezeigt, für Dix kein grundstürzendes Ereignis, sondern die gute Gelegenheit zum zeitgemäß-kritischen Einstieg in eine neue Malerei. Entschiedene Figürlichkeit und eine die verfügbaren Stile und damit auch die Stiltraditionen nutzende Machart bestimmten von nun an sein Werk. Jedoch wird sich zeigen, dass er damit nicht zwangsläufig dem allgemeinen Ausstieg aus der experimentellen Moderne und dem Rückzug ins Überschaubare folgte. Was traditionsgemäß aussieht, ist kritisch-zeitgenössisch geprägt.

Auch Dix hatte mit pastoser Malerei nass-in-nass bei van Gogh angesetzt, war aber 1919 zum mehrschichtigen Aufbau der Ölmalerei mit einzeln aufgebrachten deckenden Farbschichten übergegangen. Nach Anna Barbara Lorenzers detaillierten Untersuchungen setzte er ab 1924 verdünnte Farben ein, so dass sich die Wirkung einer transparenten Schicht, einer Lasur ergab. 1925 nutzte er dann die Lasurmalerei und ab 1926 eine Tempera-Öl-Mischung, die Max Doerner in seinem 1921 erschienenen, für Künstler der Zeit unentbehrlichen Handbuch *Malmaterial und seine Verwendung im Bilde* beschrieben hatte. Curt Glaser hat den Malvorgang in dieser Zeit aus nächster Nähe beobachtet. Dix setze eben nicht Ton neben Ton, er mische seine Farben nicht mehr auf der Palette, vielmehr lege er Schicht auf Schicht, «wie die alten Meister es getan haben». Es handele sich um ein sehr kompliziertes handwerkliches Verfahren. Zuerst werde der Bildträger mit Kreide grundiert, dann mit einem gleichmäßigen Grundton überzogen, der später durchschimmere. «Hierauf werden die Konturen auf Grund des mit Kohle gezeichneten Kartons mit dem Pinsel aufgetragen, alsdann die Form mit Temperaweiß vollkommen modelliert.» Danach würden die Ölfarben in dünnen Schichten aufgebracht. «Dix erreicht auf solche Weise jene emailartige Leuchtkraft durchsichtiger Helligkeiten, wie wir sie an Gemälden alter Meister bewundern, und er sucht auch darin es ihnen gleichzutun, dass er das Bild mit spitzpinselig aufgetragenen Temperafarben vollendet» (*Kunst und Künstler*, 1927).

Während Öl, so Doerner, «immer etwas Zerrissenes, Unscharfes und dadurch Weiches» habe, sitze der Strich der Tempera, bei der die Pigmente durch eine Emulsion aus Wasser und Öl gebunden werden, «absolut scharf». Das kam Dix bei dem Bemühen um zeichnerische Schärfe von Körpern und Objekten entgegen: «Ich wollte die Form wie Plastik im Bild haben – so, wie sie Mantegna herb und feierlich dem Betrachter gegenüberstellt. Ich wollte sie wie gemeißelt (beinahe luftleer im Raum) in der Bildfläche dominieren sehen: die *Form* an sich.» Die Primamalerei – der schnelle, spontane, direkte Farbauftrag – habe ihn auf die Dauer nicht befriedigen können: «Es blieb dabei zu viel vom Zufall abhängig.» Der «strenge Stil» dagegen setze die Konzeption des Bildes voraus.

Um diese gründliche Konzeption des Bildes ging es Dix. Darin hatte die Spontaneität des pastosen Auftrags keinen Platz. Präzise Vorarbeiten waren vonnöten, von der Skizze und der Einzelstudie bis zum bildgroßen Karton, wie Curt Glaser ihn erwähnt. Weil Tempera unflexibler ist als Öl, bedurfte es eines stabilen Untergrunds. Wo Dix bisher die biegsame Leinwand benutzt hatte, musste er deshalb nun feste hölzerne Bildträger einsetzen, wie es häufig auch die Alten Meister getan hatten. Für die Feinmalerei und die dazu benötigte ruhige Hand wurde der von den Avantgarden abgelegte Malstock wieder unentbehrlich.

Mit der planmäßig akribischen Machart verwarf Dix das Spontane, vorläufig Erscheinende und psychisch Aufgeladene in den Werken der Expressionisten und strebte stattdessen prägnante, haltbare, endgültige Bilder an, von denen angenommen werden konnte, dass sie sich einreihen ließen in die Geschichte der überzeitlichen, der kunsthistorischen Werke. Mit dem vormodernen Anschein seiner langsamen Bildverfahren signalisierte er die Fortsetzung der alten Kunstgeschichte auf seine Art, mit den ihm eigenen Bildmitteln: ein Maler des 20. Jahrhunderts im Einvernehmen mit den Alten Meistern.

Selten kommt ein Text über Otto Dix um die Betonung des Altmeisterlichen in seiner Malerei der 1920er Jahre herum. George Grosz nannte den Kollegen, nachdem er ihm im Atelier zugeschaut hatte, in einem Brief vom 12. Oktober 1934 treffend Otto Hans Baldung Dix, und das anscheinend Rückwärtsgewandte bei zeitkritischem Inhalt verführte Carl Einstein zu dem Bonmot: «malender Reaktionär am linken Motiv». Jedoch füllte Dix seine zeitbezüglichen Inhalte nicht unbedacht und schon gar nicht ideologisch motiviert in alte Formen. Andreas Strobl hat nachgewiesen, dass Dix, statt alte Praktiken zu imitieren, zeitgenössische adaptierte, die ihm durch Max Doerners Buch detailliert bekannt geworden waren. Weniger die Studien vor den Originalen der Alten Meister gaben den Ausschlag als die zeitgemäß-praxisorientierten Anweisungen zum Umgang mit modernen, handelsüblichen Malsubstanzen. Im Grunde wurden die Techniken Alter Meister mit zeitgenössischen Materialien imitiert.

Während Dix in den Aquarellen die Stilvielfalt gleichzeitig in unterschiedlichen Blättern motivadäquat zur Wirkung brachte, ließ er in seinen Gemälden Tatsächliches, Imitation, Verzerrung, Überzeichnung und Erfindung kaum unterscheidbar ineinandergreifen und verschmolz sie dann mit akribischer Technik so, dass der Anschein von Realität täuschend entsteht, ja er bedurfte der alten Techniken, um diesen Anschein überzeugend entstehen zu lassen. Darin lag für Dix ihre entscheidende ästhetische Funktion.

Aber die imitierte alte Technik ist im Grunde eine Wahrnehmungsfalle. Erst wenn man sich aus ihr befreit, wird erfahrbar, dass Dix' Bildrealität, die schlüssig und homogen aussieht, eine zusammengesetzte, eine konstruierte, eine erfundene ist. Es bedarf dieser Wahrnehmungsfalle um der Einsicht willen, dass er als Künstler die *erfundene* Bildrealität (und nur die zusammengesetzte, erfundene) benötigte, um der Wirklichkeit analytisch beizukommen. Der distanzierte Umgang mit den Bildmitteln – seien sie vormodern oder modern – erweist sich als Grundbedingung für die Analyse. Sie ließ sich für Dix am besten an den Extremen sichtbar machen. Deshalb spielt in seinen Werken die Verzerrung bis zur Groteske eine bedeutsame Rolle. Die alten Techniken fügen das Heterogene und die Übertreibungen schlüssig – jedoch ohne es zu löschen – zusammen und verbürgen so die Wahrhaftigkeit des Bildes. Die Funktion dieser Techniken ist mithin keine nostalgische, sondern eine aktuelle: das Bildkonstrukt zu beglaubigen und den damit anschaulich gemachten befremdenden Inhalt zu verifizieren.

Dieser Einsatz vormoderner Bildtechniken findet sich etwa gleichzeitig auch in ganz anders motivierten Werken, zum Beispiel in der surrealistischen Malerei. De Chirico vereinheitlichte auf diese Weise seine disparaten und bewusst rätselhaft zusammengefügten Bildelemente, René Magritte bediente sich der schlichtesten objektgebundenen Malweise, um das «subversive Denken» anschaulich zu machen und nicht durch malerische Eigenwilligkeiten zu stören, und Salvador Dalí übte sich in raffinierter Feinmalerei, um, wie er 1934 schrieb, seinen überreizten Phantasmagorien mit «handgemachter Farbfotografie» Realitätscharakter zu verschaffen. In jedem dieser Fälle wollte man dem Unwahrscheinlichen durch eine von altersher geläufige und daher als glaubwürdig geltende Malweise den Anstrich des Wahrscheinlichen verleihen. Dix dagegen ging es dabei nicht um Rätselhaftigkeit, subversives Denken oder persönliche Phantasmen, sondern um das zutiefst Befremdliche der Wirklichkeit, das er im Bild durch das markant zeitgenössisch Überzeichnete sichtbar und damit bewusst machte. Die Moderne war um eine widersprüchliche Machart reicher geworden.

Monströse Begegnungen

Paare 1924–1930

Während er in der Mitte der 20er-Jahre noch vorwiegend mit den Bildnissen exzentrisch übersteigerter Figuren befasst war, tat Dix – die vereinheitlichende Lasurtechnik mit ihrem kunsthistorischen Anschein fortsetzend – folgerichtig einen weiteren Schritt: vom Exzentrischen zum Monströsen und vom individuellen Einzelfall zum allgemeineren Allegorischen. Dabei kam ein für ihn neuer programmatischer Aspekt hinzu, nämlich das Thematisieren des Kunstmachens. An die Stelle der Porträts von existierenden Personen traten imaginierte Arrangements; zwei, allenfalls drei Figuren sind in ungewöhnliche Beziehungen zueinander gesetzt. Das erneut von grotesker Überzeichnung der Figuren, ihrer Gesten und Berührungen bestimmte Bildgeschehen wird gelegentlich durch große Bildformate monumentalisiert, ins Unerhörte gesteigert.

Es begann 1923 noch gemäßigt mit dem *Selbstbildnis mit nacktem Modell* (Abb. 28). Die Figuren sind trotz der körperlichen Nähe als einander Fremde dargestellt. Knapp hinter dem nackten Modell steht Dix, nicht als Maler im Kittel und an der Staffelei, also in einer beruflichen Beziehung zum Modell, sondern breitschultrig in seiner modischen Kleidung, wie aus einer Sphäre außerhalb des Ateliers. Noch die deutschen Expressionisten hatten bildlich die überkommene Vorstellung vom anre-

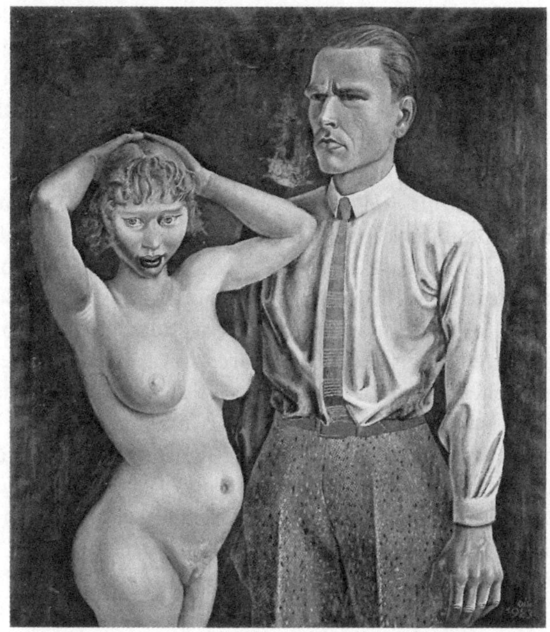

28 – Selbstbildnis mit nacktem Modell, 1923, Privatbesitz

genden Liebesverhältnis zwischen Maler und Modell genährt. Davon kann hier keine Rede sein. Die nüchterne Beziehungslosigkeit zwischen den beiden unterbindet eine erotische Konnotation. Während sie ziellos aus dem Bild herausschaut, geht sein Blick unter den energisch zusammengezogenen Brauen über sie hinweg, verspannt hält er sich auf Distanz. Er hat etwas Zusammengesetztes, sie bildet eine organische Einheit. Vorgeführt werden der kalte, analytische Blick und die innere Distanz als maßgebliche Voraussetzung für das Bilderschaffen, das Dix'sche Bilderschaffen. Insofern ist es ein programmatisches Werk. Es wurde in dem Moment geschaffen, da zwei andere Gemälde von Dix – *Mädchen vor dem Spiegel* und *Der Salon II* – wegen der als unsittlich empfundenen Darstellungen deformierter Frauenleiber beschlagnahmt wurden. Im *Selbstbildnis mit nack-*

tem Modell ist die weibliche Figur intakt, als solle den deutenden Bildern der Verelendung ein Sinnbild der realen, sachlich-distanziert gesehenen Ausgangssituation zwischen Maler und Modell entgegengesetzt werden. Vom Ausdruck «absoluter Unbeirrbarkeit und Sachlichkeit» sprach Willi Wolfradt 1924 vor diesem Bild.

Das *Selbstbildnis mit Muse* von 1924 ist eine überhöhte Version dieses Lehrstücks (Abb. 29). Dix zeigt sich nunmehr mit Arbeitskittel, Malstock und Pinsel als Künstler. Der aber berührt mit dem Pinsel nicht die Leinwand, sondern den Schleier der großen, aufgequollen wirkenden weiblichen Figur mit der megärenhaften Haarfülle. Die Sphären des Realen und des Imaginierten gehen wie im Pygmalion-Mythos ineinander über. Die Bildgrenze ist aufgehoben, das vom Maler geschaffene Wesen tritt neben ihn. Indes hat die übergroße Pinselhand etwas verkrampft Aufdringliches, während ihr erhobener Arm – inspirierend? abwehrend? warnend? – die Grenze zwischen dem Erfinder und der Erfundenen, zwischen dem aufzeichnenden Maler und seiner ins Leben übergetretenen erotischen Allegorie markiert.

Inhaltlich schließt sich das großformatige *Stilleben im Atelier* an (Abb. 25). Zwei Figuren begegnen sich auf befremdliche Weise, jedenfalls ohne jegliche Interaktion, eine füllige Nackte in den Farben des Lebens mit theatralisch zurückgeworfenem Kopf und hochgerissenem Arm sowie eine graue über einen Hocker geworfene und sich dabei steif haltende, abgenutzte, löchrige Gliederpuppe ohne Kopf. Alles, auch der Akt, ist arrangiert wie Gerümpel in einer «Schreckenskammer» (Ernst Kállai 1927), einer Atelierecke mit rissiger Wand. Dass die Frau direkt der Muse im Selbstbildnis aus demselben Jahr entspricht, der blaue Schleier der Puppe – offenbar ein Atelierrequisit – derselbe ist wie in jenem Musenbild und die Szene gemäß Titel im Atelier angesiedelt ist, lässt eine inhaltliche Verwandtschaft zwischen beiden Werken vermuten. Erneut wird das Kunstmachen thematisiert.

Denn im *Stilleben* sind die Figuren nicht direkt gezeigt, sie sind vielmehr durch eine ihre Körper scharf überschneidende

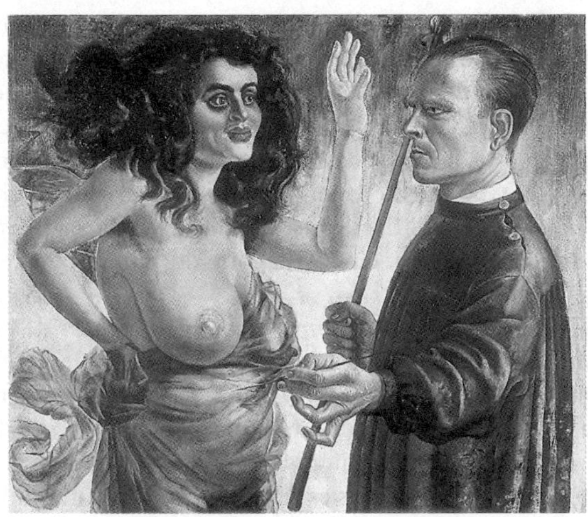

**29 – Selbstbildnis mit Muse, 1924,
Karl-Ernst Osthaus-Museum, Hagen**

leere Staffelei hindurch und hinter einer angelehnten Reißschiene zu sehen. Eine ganze Reihe von Skizzenbuchblättern lässt erkennen, dass zunächst eine Darstellung von Maler und Muse zu Seiten einer leeren Staffelei konzipiert war. Dann verschwand der Maler – sicher ein Selbstbildnis –, und es blieb sein Material für Bilder, die sich der prallen Körperlichkeit der Nackten und der desolaten Materialität der kopflosen Puppe bedient hatten oder bedienen sollten, mithin, wie bei Dix üblich, der Extreme. Das Modell verharrt weiterhin oder schon in der Haltung der Aktschlaufe im Studiensaal, ist in der Pose erstarrt, die Puppe jedoch zeigt in Haltung und Gestik noch oder bereits lebhafte Ansätze für eine Aktion; so übertreten sie ihren jeweiligen Existenzmodus. Die Reißschiene drängt sich als Symbol jener Ordnung auf, die dem Gerümpel im Bild zuteilgeworden war oder werden wird. Wie schon in *An die Schönheit* von 1922 (Abb. 12) ist die Szene geprägt durch das Wechselspiel von Künstlichem und Realem, Schein und Wirklichkeit, womit hier Grundzüge der Dix'schen Kunst namhaft gemacht sind.

Die akribische Darstellung des Arrangements steigert die Unheimlichkeit und die grotesken Züge ins Monströse. Das seltsame Beieinander von Figur und Gegenständen ähnelt der kombinatorischen Bildpraxis der Surrealisten in den 20er- und 30er-Jahren, nur läuft sie trotz des Rätselhaften der Szene hier nicht auf die bewusste Unerklärbarkeit des Bildgeschehens hinaus. Denn das aus der Kunst gefallene Gerümpel hat Sinnbildcharakter; es gleicht einer Allegorie der künstlerischen Vorstellungskraft.

Im *Selbstbildnis mit nacktem Modell* geht es um den kalten Blick und die innere Distanz als Voraussetzung für das Bildermachen, im *Selbstbildnis mit Muse* um das Verlebendigen einer fiktiven allegorischen Gestalt durch den Malakt, im *Stilleben im Atelier* um reale Materialien aus der Vor- oder Nachgeschichte eines möglichen Bildes. Dass es sich ausdrücklich um Bildreflektionen des Künstlers selbst handelt, bekundet der Sitz des Monogramms auf den spezifischen Berufsmitteln des Malers: Es sitzt nicht, wie üblich, in einer Ecke der Leinwand, sondern im *Musen*-Bild betont auf dem Kittel des Malers, im *Stilleben* nahe der vorderen Bildebene unübersehbar auf seiner Staffelei.

Das ins Äußerste getriebene Monströse findet sich in dieser Zeit in großformatigen Gemälden, deren Motive bizarre Verhältnisse zwischen Mann und Frau sind. In *Altes Liebespaar* von 1923 und in *Ungleiches Liebespaar* von 1925 (Abb. 30) wurden alte ikonographische Muster aufgegriffen und drastisch überzogen, die Beziehung zwischen einem alten Mann und einer jungen Frau im Topos des *Ungleichen Paar*s, aber auch die Thematik von *Tod und Mädchen*. Man hat ebenfalls Bezüge zu historischen Hexendarstellungen und in den verfallenden Körpern Vergänglichkeitssymbolik ausgemacht – wie man in dem gleichermaßen monströsen Bild *Drei Weiber* von 1926 die mythologischen Motive der drei Grazien oder das Urteil des Paris wiedererkannt hat.

Interessant ist an dieser Stelle ein Vergleich mit Werken von Hans Baldung Grien, der sich solchen ikonographischen Motiven vielfach in Malerei und Graphik gewidmet hat. Diese Werke dürften nicht zuletzt wegen der gewagten Hässlichkeit der nack-

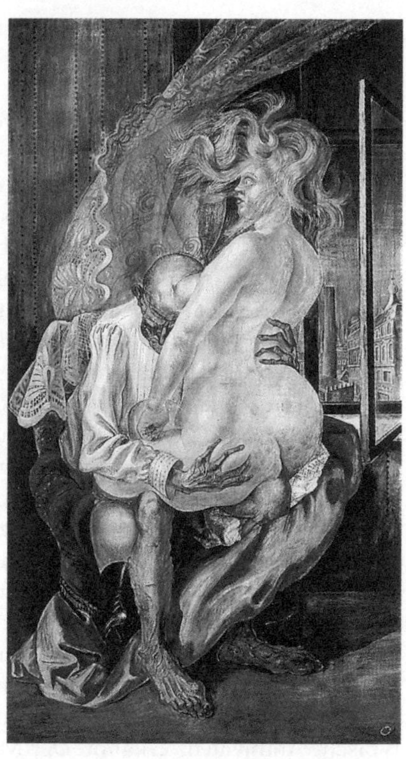

30 – Ungleiches Liebespaar, 1925, Kunstmuseum Stuttgart

ten weiblichen Gestalten, die als Hexen figurieren, bildgebend auf Dix gewirkt haben. George Grosz nannte seinen Freund, wie erwähnt, nicht ohne Grund Otto Hans Baldung Dix. Im Basler Kunstmuseum, wo er im Kupferstichkabinett Blätter der Altdeutschen studierte, wird sich Dix in der Gemäldegalerie Baldungs Bilder *Der Tod und das Mädchen* und *Der Tod und die Frau*, beide aus dem Jahr 1517, nicht haben entgehen lassen. Im einen Fall zwingt der Tod in Gestalt eines verwesenden Körpers die nackte weibliche Figur ins Grab, im anderen Fall scheint die junge Frau seinem heftigen Zugriff definitiv zu erliegen. Hier strahlen die weiblichen Körper in makellosem Gelblichweiß, ganz im Gegensatz zum dunklen Braun der belebten Skelette.

Dix' Mann im *Alten Liebespaar* gleicht diesem Tod, und das bei Baldung notorische große weiße Leichentuch kehrt bei Dix ebenso oft wieder. Der Unterschied aber ist entscheidend. Bei Dix sind die Akte Sinnbilder nicht von jugendlichem Eros, der vom Tod bezwungen wird, sondern von verkommenem Leben, das sich dem Tod anheimgibt. Dix übertrumpfte Baldung, indem er dessen provokante Hexenästhetik auf den weiblichen Part der Eros-Thanatos-Beziehung übertrug und auf diese Weise zeitgenössisch radikalisierte. Dix selbst fand in einem Rundfunkgespräch 1966, seine Schilderungen seien «manchmal peinlich, manchmal penetrant, manchmal zu überdeutlich» – das sei nun einmal seine Natur.

Wenn Dix – wie schon Anfang der 20er-Jahre – auf alte Bildmuster zurückgriff, war es ihm kaum um Wiederbelebungen historischer Ikonographie zu tun. Er nutzte Vorformuliertes, das er noch einmal missgestaltend überzog, um der eigenen Zeit auf krasseste Weise ihre Bilder vorzusetzen. Zugleich bekundete er damit seinen Anspruch, die Traditionen der Kunstgeschichte aktuell fortzuführen. Dabei wurde – ähnlich wie Baldung es zu seiner Zeit getan hatte – mit jeglicher Schönheitsvorstellung gebrochen, bürgerlicher Geschmack durch Gegenbilder attackiert und aufgedeckt. Wie bereits vor dem *Schützengraben*-Bild hat Ernst Kállai 1927 gerade auch an diesen Werken die für Dix typische Ambivalenz erkannt. Der Maler habe die Liebesszenen zwischen Greis und junger Frau «ins Phantastische, Monstruose [sic]» gesteigert und sich «in solch hässlichen Vorwurf mit einer kalten Grausamkeit» verbissen, «bei der Abscheu nicht mehr von Wollust zu unterscheiden» sei.

Eine düstere, enigmatische Variante der Atelierbilder von 1924 entstand 1930 mit *Melancholie* (Abb. 26). Ein auf einem Hocker mit erhobenen Beinen balancierender weiblicher Akt mit auffällig onduliertem Haarschopf klammert sich an eine Figur, bei genauerem Hinschauen wiederum eine Gliederpuppe, ein Atelierrequisit; die Puppe ist auf ein großes Fenster mit wild erregter, bedrohlich flammender Himmelslandschaft gerichtet. Zu beider Füßen liegt so demonstrativ, als sei er das Motto für das Bild und dessen Todesgehalt, ein Menschenschädel. Es dürfte sich dabei ebenfalls um ein Atelierrequisit handeln, und so stellt sich die Frage nach dem inhaltlichen Bezug dieses Werks zu den voraufgegangenen Atelierbildern.

Im nächtlichen Atelier sind ein Modell und eine Gliederpuppe in eine dramatische Aktion verwickelt, die ihre Körper in schwebendem, labilem Gleichgewicht hält. Ursache und Ausgang des Geschehens bleiben offen, rätselhaft. Farblich ist kaum mehr zwischen den Figuren und dem Umfeld unterschieden, sodass sich die Anmutung einer anderen, fiktiven oder auch mythischen, auf jeden Fall düster-bedrohlichen Sphäre einstellt. Offenbar erzählte Dix nicht eine alte Geschichte neu, vielmehr erfand er rein aus dem Material des Künstlers im Atelier eine eigene Szenerie ohne viele Umwege, eine auf Befremdlichkeit angelegte Szenerie mit unmittelbar zeitbezüglichem Inhalt: eine individuelle Allegorie. Draußen brennt es lichterloh (wenig später wird Dix im Hintergrund von *Lot und seine Töchter* das brennende Dresden bildlich vorausahnen), drinnen sind zwei Figuren dabei, ihr gemeinsames Gleichgewicht und ihren Stand zu verlieren. Versucht die Frau die andere Figur, die auf die flammende Himmelslandschaft schaut, im Diesseits und im Lebensraum zu halten? Die atelierspezifischen Figuren – das Modell und die Gliederpuppe – sind zur Vorführung einer aktuellen Bedrohlichkeit mit ungewissem Ausgang eingesetzt; das Rot der Flammen ist bereits in den Raum eingedrungen, der Boden teils blutig gefärbt.

Zugleich ist die Fähigkeit der Kunst demonstriert, mit dem gewöhnlichen Atelierinventar gegenwärtige böse Ahnungen in Analogie zu mythischen Szenarien zu veranschaulichen und erneut, wie schon in früheren Zeiten, symbolisch mit den Anzeichen tödlicher Bedrohung zu versehen. Dass Dix' Kunst in diesem historischen Augenblick gelegentlich warnenden Charakter annahm, wird sich am *Kriegstriptychon* und an weiteren Werken aus den 30er-Jahren erweisen. Der Bezug zum Zeitgeschehen, zu den bedrohlichen Anzeichen einer schwerwiegenden politischen Wende liegt nahe.

Jedenfalls ist dies ein ganz anderer Dix, weniger grotesk, ohne Beiwerk, härter in Form und Aussage. In einer Zeit, in der sich die Kunst, zumal in Deutschland, mehr und mehr von kritischen Positionen verabschiedete, von Grosz bis Meidner ins Moderate verfiel, schuf Dix in diesen späten 20er- und in den ersten 30er-Jahren die beiden großen Triptychen *Großstadt* und *Krieg* – und ein so rätselhaftes Werk wie *Melancholie,* in dem der unmittelbare Realitätsbezug in einer individuellen Allegorie aufgehoben ist. Die Triptychen sind ein Resümee, *Melancholie* dagegen kündigt andere Zeiten und ein neues künstlerisches Verfahren an.

Tanz und Tod. Zwei Zeitbilder

Die Triptychen *Großstadt* und *Der Krieg* 1928–1932

Im Jahr 1926 wurde Dix als Professor an ‹seine›, die Dresdner Kunstakademie berufen. So endete die 1925 begonnene Berliner Zeit binnen Kurzem. 1927 nahm er die Lehrtätigkeit auf; sein Atelier hatte er in der Akademie an der Brühlschen Terrasse. Zahlreiche Ausstellungsbeteiligungen im In- und Ausland, die Aufmerksamkeit erheischenden Bildnisse und überhaupt die bohrende, unverwechselbare bildliche Zeitgenossenschaft sowie der händlerische Einsatz von Karl Nierendorf hatten seinen Ruf als einer der maßgeblichen deutschen Künstler der nachexpressionistischen Generation gefestigt. Beteiligt war er etwa an der *Internationalen Kunstausstellung* 1926 in Dresden, 1930 an der Biennale in Venedig und 1931 an der legendären, von Alfred Barr organisierten Schau *Modern German Painting and Sculpture* im Museum of Modern Art in New York. Mit der Berufung zum Ordentlichen Mitglied der Preußischen Akademie der Künste Berlin im selben Jahr wurde ihm außerdem höchste gesellschaftliche Anerkennung zuteil.

Indes stand seine aktuelle Kunst auch in der Kritik. Von rechts war man zwar über eine gewisse Mäßigung beruhigt, von links aber warf man ihm nun Verbürgerlichung vor. Allgemein galt, der ehemalige Rebell sei zahm geworden. Neben eindringlichen Kin-

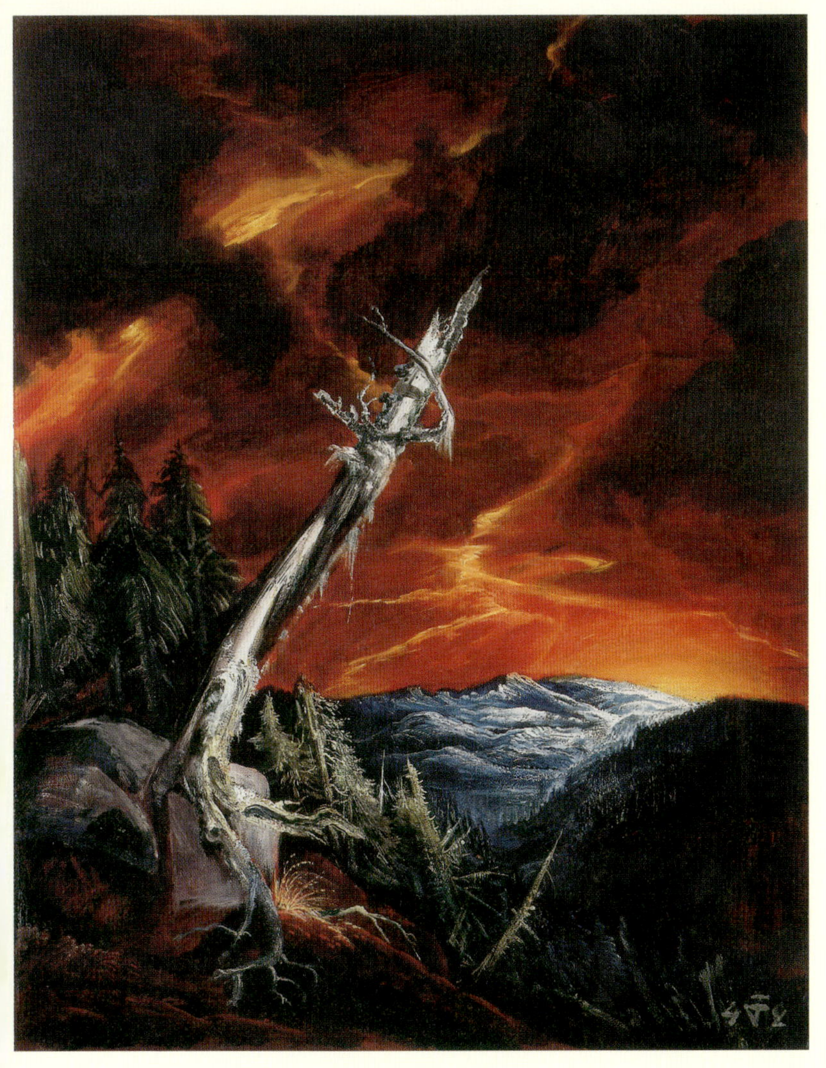

31 – Gewitter im Riesengebirge, 1942, Privatbesitz

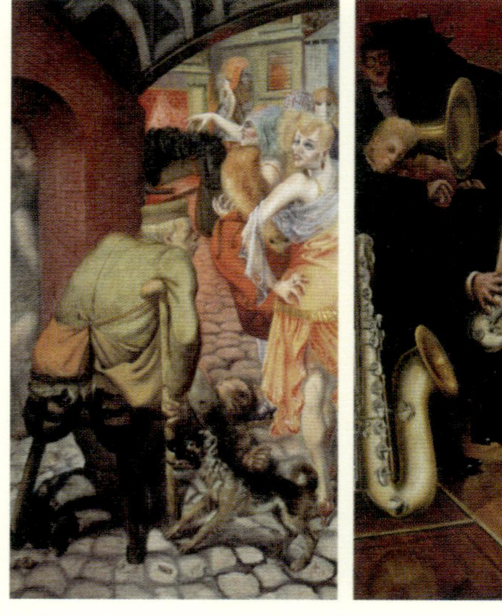
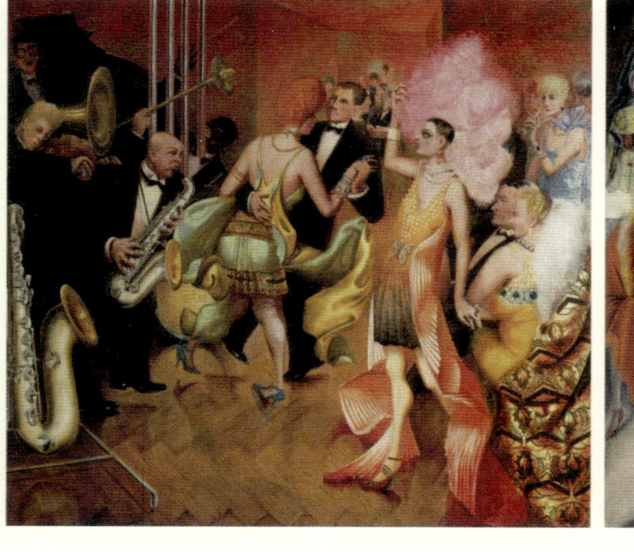
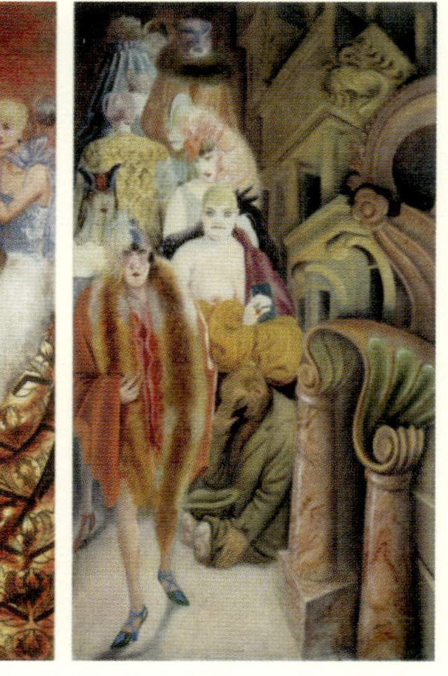
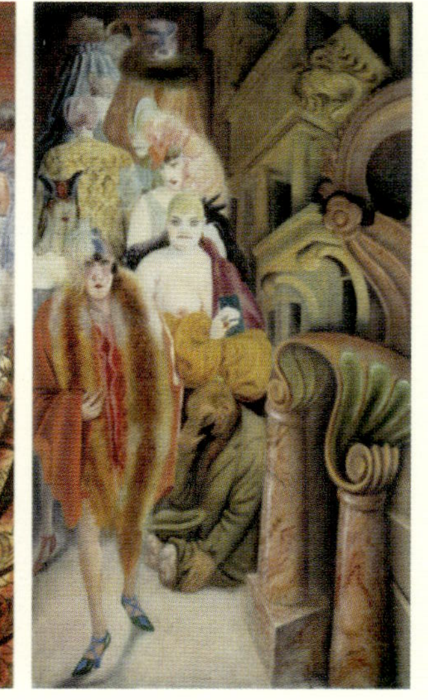

32 – Großstadt, 1927/28, Kunstmuseum Stuttgart

gegenüberliegende Seite:
33 – Der Krieg, 1929–1932,
Staatliche Kunstsammlungen Dresden, Galerie Neue Meister

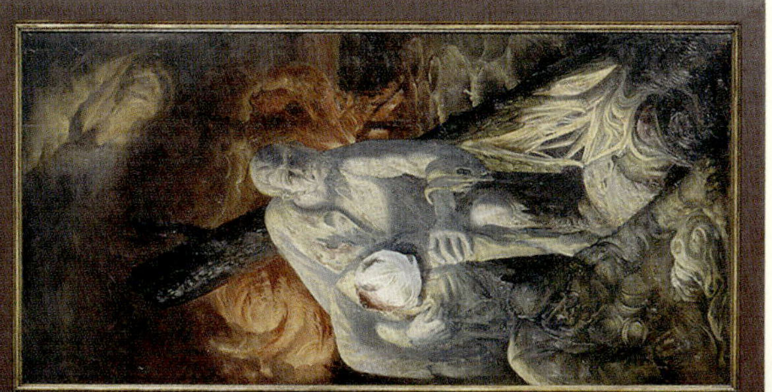
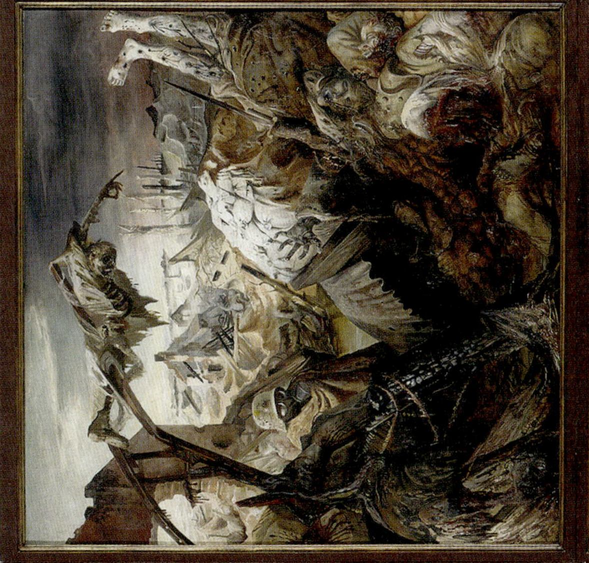
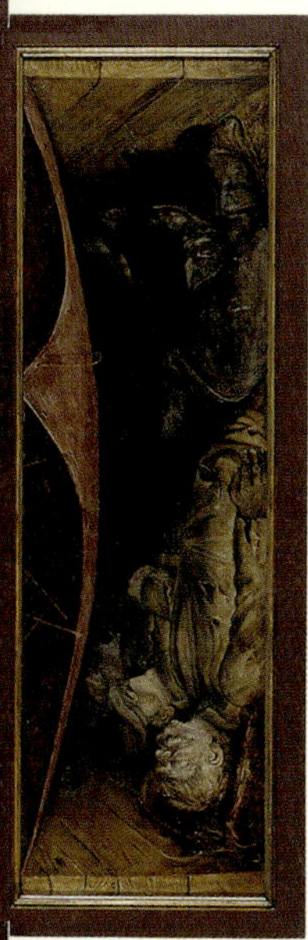
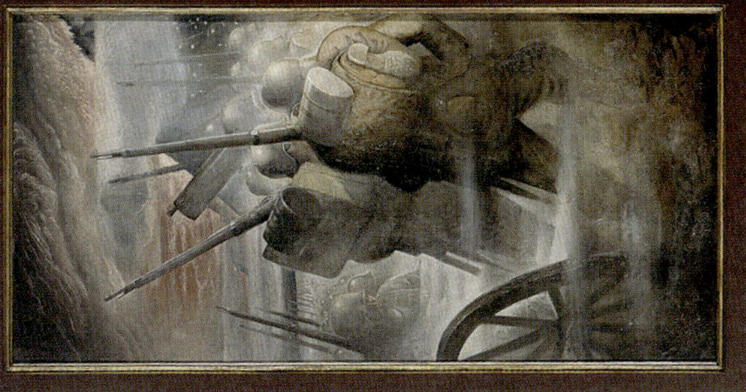

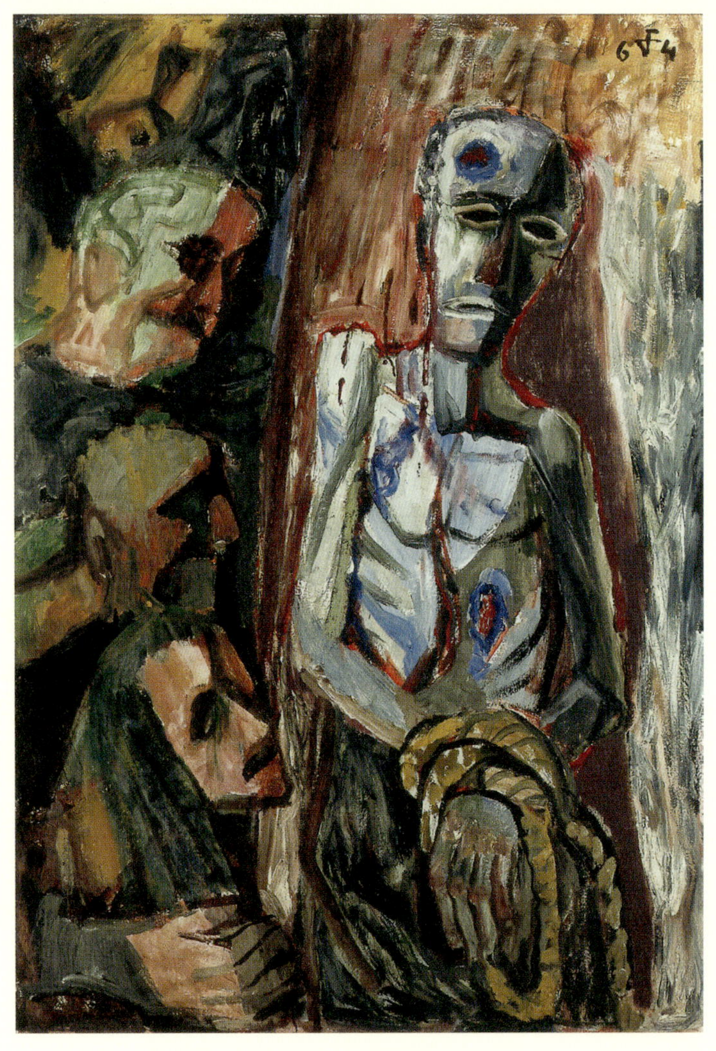

34 – Ecce Homo I (Matth. 27, 25), 1948, Privatbesitz

derbildnissen (Abb. 35) und sozial angelegten Frauenakten entstanden konventionelle Auftragsporträts. Tatsächlich sind technische Virtuosität, motivische Wiederholungen und häufige Anleihen bei den altdeutschen Meistern nicht zu übersehen. George Grosz berichtete in einem Brief vom August 1931 über ein freundschaftliches Treffen erstaunt, dass Dix «über seine eigene Produktionskrise sehr wohl Bescheid wusste».

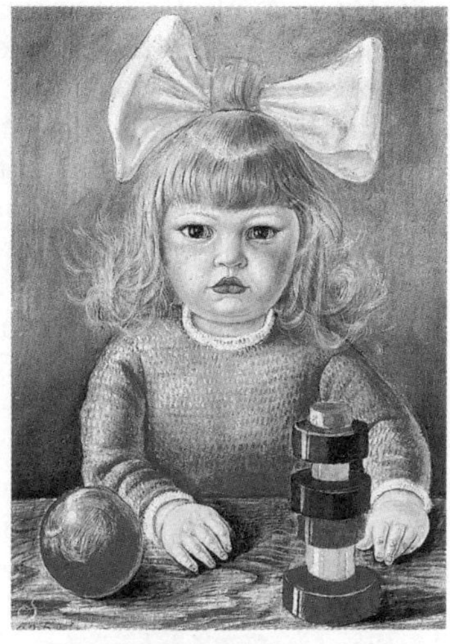

35 – Nelly mit Spielzeug, 1925, Otto Dix Stiftung Vaduz

Diese künstlerische Krise fiel in eine Zeit ernsthafter politischer Entwicklungen der in ihrer Stabilität ohnehin stets gefährdeten Weimarer Republik. Der massive Rechtsruck bei den Reichstagswahlen 1930 ließ zumal angesichts der allgemein katastrophalen finanziellen und sozialen Lage die Zukunft völlig ungewiss erscheinen. Im benachbarten Thüringen begann im Jahr der Entstehung von *Melancholie* ein «Bildersturm», wie Oskar Schlemmer am 27. November 1930 in seinem Tagebuch formulierte: Auf Anordnung der dort bereits an der Regierung beteiligten NSDAP wurden Werke unter anderem von Dix, Kandinsky und Klee aus dem Weimarer Schloss entfernt, Wandfresken von Schlemmer in Weimar übermalt und in Zwickau der in dieser Zeit für die Moderne eintretende Museumsdirektor Hildebrand Gurlitt entlassen. Im Oktober 1930 rief der nationalsozialistische *Völkische Beobachter* angesichts der Werke von Beckmann, Dix, Grosz, Hofer und Schmidt-Rottluff im deutschen Pavillon auf der Biennale in Venedig im Namen der «nationalen Ehre» nach einer «rassisch begründeten Kunst» und forderte dazu auf, mit den Modernen Schluss zu machen: «Delirium der Häßlichkeit? Ja! Darum fort mit diesem Spuk der Internationalen! Heran Ihr Männer mit Deutschem Artbewußtsein! Die Zeit ist reif.» Die politische Wende hatte eingesetzt.

In dieser persönlich wie politisch schwierigen Situation schuf Dix nun zwei seiner bedeutendsten Werke, als habe er den inneren und den äußeren Krisen zum Trotz die volle Wucht seiner Kunst, *der* Kunst behaupten wollen: das Triptychon *Großstadt* von 1927/1928 (Abb.32) und das Triptychon *Der Krieg* von 1929 bis 1932 (Abb.33). Entstanden zur Zeit der Dresdner Professur, können sie als zeitgemäße Zusammenfassungen sowohl seiner inhaltlichen Absichten als auch der vielfältigen formalen Erkundungen gelten.

In der Moderne war das dreiteilige mittelalterliche Altarformat, das Triptychon, selten. Vincent van Gogh dachte an eine Kombination seiner *Berceuse* (*Amme*) mit zwei seitlichen Sonnenblumenbildern, konnte sie jedoch nicht realisieren. August Mackes *Großer Zoologischer Garten* von 1913 bietet lediglich die Ausweitung eines Themas – Mensch und Tier – auf drei Tafeln, und Ernst Ludwig Kirchners *Badende Frauen* von 1915/1925 wirken mit der Einheit der Motivik, der Maßstäblichkeit und des Raums wie eine durchgängige, zwei Mal vertikal unterteilte Leinwand, was auch für Erich Heckels *Genesende* von 1912/13 gilt. Die spezifischen Möglichkeiten des Triptychons deutete Otto Dix an, als er 1921 in der *Berliner Secession* neben die großformatige *Barrikade* mit Straßenkämpfen links die *Skatspieler* und rechts die *Prager Straße* hängte, also die schrecklichen Folgen des Kriegs zu den aktuellen politischen Auseinandersetzungen in Beziehung setzte. Max Beckmann sollte diese Argumentationsfähigkeit des Dreitafelbildes 1932/33 innerhalb seines Gesamtwerks zum ersten Mal mit *Departure (Abfahrt)* nutzen: links und rechts die gegenwärtigen Torturen und in der Mitte die Freiheitsutopie. Heinrich Ehmsen stellte der *Erschießung des Matrosen Eglhofer* 1930 bis 1932 links die herrschenden Kräfte samt Militär und rechts eine Massendemonstration gegenüber.

Denn das Triptychon erlaubt, die Stationen von Geschehnissen nach Ursache und Wirkung darzustellen, vorzugsweise mit einem Wechsel des Orts, der Zeit oder der Realitätsebenen. Im mittelalterlichen Altar stand häufig das große religiöse Ereignis – die Geburt Christi, die Kreuzigung, die Auferstehung – im Zentrum, während auf den Flügeln typologische Bezüge hergestellt oder schlicht die Stifter dieses Altars festgehalten wurden.

Folgt man den von Ulrike Lorenz vorgeschlagenen Entstehungsdaten für die ersten Skizzen zu einem Großstadtbild, sammelte Dix bildliche Ideen bereits 1925/26, also noch in Berlin. Die inhaltliche Dialektik zwischen Mittelteil und Seitentafeln setzte erst später ein; manifest wurde sie mit dem Karton von 1928 im Format des endgültigen Gemäldes (Abb. 32). Darin wurden auch die unterschiedlichen Raumperspektiven festgelegt: Die mittlere Szene erfasst man leicht erhöht, die seitlichen Vorgänge aus etwas niedriger gelegter Sicht, was für den Einstieg des Betrachters wichtig ist. Denn der erhöhte Blick legt kritische Souveränität nahe, der niedriger gelegte die Einfühlung und das Miterleben.

Der kritische Blick gilt dem turbulenten Vergnügungstreiben mit Tanzenden, Musizierenden und Zuschauern, die mitfühlende Sicht richtet sich links auf einen Krüppel mit Krücken, der, den Straßenhuren nachschauend, im Begriff ist, über einen Toten zu stolpern, im Hintergrund rotlichtige Kaschemmen, während die rechte Tafel frontal eine Parade glanzvoll hergerichteter Huren an einer pompösen, perspektivisch verzogenen Architekturkulisse erfasst, an der ein sitzender Krüppel lehnt. Im linken Teil geht die Bewegung ins Bild hinein, im rechten aus dem Bild heraus auf den Betrachter zu; in der kompositorisch geschlossenen Mitte dreht sich alles um das Paar, das sich exzessiv einem Modetanz – Charleston oder Shimmy – hingibt.

In den Seitentafeln sind Motive aus den früheren 20er-Jahren aufgegriffen und modifiziert: die Kriegskrüppel, die Huren, die aufgeblähte Architektur. Die Mittelszene knüpft zwar an die Tanzenden mit der Jazzkapelle in *An die Schönheit* von 1922 an, ist aber im Gegensatz zu deren starrer Puppenhaftigkeit durchgehend vitalisiert; die stumpfe Atmosphäre ist einer gleißenden Dynamik gewichen. Man hat darin häufig ein Inbild der Goldenen Zwanziger gesehen, und tatsächlich vermitteln das

Leuchten der Farben, der Aufwand an Kostümierung und Putz sowie das optische Auftrumpfen der musikalisch angetriebenen Bewegungen den Anschein von einnehmendem zeitspezifischem Glamour.

Indes wird jede Geste, jede Bewegung, jede Haltung, jeder Schmuck durch das dixtypische Überzeichnen ins Groteske und damit Fragwürdige verrückt. Die Plisseeschärpe und der gigantische Federfächer der stehenden Sängerin, die verkorkst verdrehten Beine mit verrutschten Strümpfen der Tänzerin, der voluminöse Umhang aus Goldbrokat der reichlich mit Schmuck behängten Sitzenden treiben den Trubel so weit auf die Spitze, dass sich die Vergnüglichkeit als Schein enthüllt und ins Endzeitliche umkippt. Das bereits im vorigen Kapitel als häufiges Motiv erwähnte lange helle Tuch, das bei Grünewald und Baldung als Leichentuch fungiert, umschlingt symbolisch die Tänzerin. Zudem lässt die irisierende und damit bewusst uneigentliche Farbgebung das Hohle und Falsche des Geschehens spüren.

Ihre Deutung erfährt die Mittelszene durch die Seitentafeln. Die Gegenbilder mit den Krüppeln und den Huren versetzen die modern sich gebende Gesellschaft in das Spannungsfeld zwischen Armut und Prostitution und demaskieren sie umso deutlicher. Jedoch müssen die Inhalte der Seitentafeln unterschieden werden. Wird links mit dem elenden Krüppel, dem Toten und den glanzlosen Mädchen auf der Gosse unter der Brücke tiefer sozialer Abstieg vergegenwärtigt, wirken die Edelhuren rechts, durch den vulvaförmig geöffneten Pelzbesatz am Gewand der Anführerin gewerblich gekennzeichnet, mit ihrer selbstbewusst präsentierten Aufgeputztheit in hellem Licht wie überwirkliche Gestalten – eine Gegenwelt zum bürgerlichen Blendwerk. So stellen die Huren mit ihrem eigenen Existenzrecht das Geschehen des Mittelteils noch einmal nachdrücklich infrage.

Man hat einige der Figuren im Mittelteil als Dix-Freunde und als Dresdner Kunstförderer identifiziert, auch nimmt man an, der Krüppel links trage die Züge des Malers und die wilde Tänzerin jene seiner Frau Martha. Wesentlich für die Einschätzung des Werks scheint jedoch die Tatsache, dass Dix, wie schon ganz zu Beginn, das extrem Typische mit der extrovertierten Überzeichnung verband und dazu alle von ihm bisher verwendeten bildnerischen Mittel einsetzte: von der naturalistischen Zeichnung (beim Hundefell auf der linken Tafel, beim Pelz der vorderen Hure, beim Plissee) bis zum überwirklichen Ausmalen der Scheinarchitektur, vom Textilabklatsch (bei der rückwärtig gesehenen Hure rechts) bis zum direkten Materialeinsatz (das Blattgold auf dem Brokatumhang am rechten Rand des Mittelteils), von der Trompe-l'œil-Malerei (bei den Schmuckstücken und Kopfaufsätzen) bis zur imitierten Bordüre des Rocks der Tänzerin, von der genauen Charakterisierung etwa des Sitzenden mit dem Monokel über die strenge Stilisierung der Huren rechts bis zur Erfindung einer Kunstfigur wie der androgynen Sängerin mit dem Federfächer. Eigens darauf aufmerksam, dass er, Otto Dix, der Erfinder solcher raffinierten Handfertigkeiten ist, macht sein in die Bordüre des Rocks der Tänzerin eingeflochtenes Monogramm.

Entscheidende Voraussetzung ist die schon früh von Dix praktizierte freie Verfügbarkeit der Stile. Die bildnerischen Mittel entsprechen nicht – wie etwa bei Max Beckmann oder Ernst Ludwig Kirchner – einem stilistisch durchgängig weiterentwickelten Formprinzip, sie werden vielmehr verwendet, wie das einzelne Motiv es zu seiner Vergegenwärtigung verlangt, in Dix' Worten: «Die Mittel werden angewandt, wie sie gerade notwendig sind». Der daraus resultierende bildsprachliche Reichtum wurde durch die zeitgenössische Imitation alter Bildtechniken zu einer Synthese gebracht wie andeutungsweise schon in den *Salon*-Bildern der frühen 20er-Jahre, was schließlich das typisch Dixsche Changieren von Schein und Wirklichkeit erzeugt.

Im *Großstadt-Triptychon* kommt alles zusammen: in der Haltung die soziale Ader für die Unterschicht und der entblößende Blick auf die Mittelschicht, technisch die Handfertigkeiten des gelernten Dekorationsmalers, die Brillanz des altmeisterlich inspirierten Feinmalers und das Gespür für deren Effekte, bildnerisch das synthetische Prinzip und die Groteske sowie das Typenbildungsverfahren und taktisch das inhaltliche

Ausbalancieren von Analyse und Faszinosum. Die pathetische Bildform des Triptychons überhöht das umfassende inhaltliche und formale Resümee wirkungsvoll.

Zum ersten Mal öffentlich gezeigt hat Dix das Triptychon auf der Ausstellung *Sächsische Kunst unserer Zeit,* die 1928 anlässlich des groß gefeierten 100. Geburtstags des Sächsischen Kunstvereins in Dresden stattfand. «Dix» schrieb Birgit Schwarz, «muss sich schon bald nach Antritt seines Lehramtes entschlossen haben, speziell für diese Ausstellung ein Bild zu malen, um so ganz gezielt auf die Erwartungen seines neuen Publikums und der Veranstalter reagieren zu können.» Man hatte ihn berufen, um Dresden nach dem Weggang von Oskar Kokoschka künstlerisch erneut zu stärken. Nun galt es, den Konservativen wie den Fortschrittlichen überzeugend gegenüberzutreten. Wie ein Foto zeigt, wurde das *Großstadt-Triptychon* prominent – man darf daher annehmen: wirkungsvoll – in der Ausstellung platziert.

Aber neben dem lokalpolitischen Antrieb gab es noch den kunsthistorischen. Denn mit der altmeisterlichen Ausprägung unter offener Zuhilfenahme von Motiven und Gesten aus alter Malerei – am auffälligsten die Übernahme des Handzeichens aus Dürers Münchner Selbstbildnis bei der vorderen Hure rechts – reihte sich Dix mit einem inhaltlich anspruchsvollen Werk im Altarformat ostentativ in kunstgeschichtliche Traditionen ein: ein kritischer Zeitgenosse selbstbewusst im abgesicherten Auftreten eines Alten Meisters. Auf diese widersprüchliche Weise vermochte Dix seiner Zeit die Bilder zu geben, die Sinnbilder.

Unmittelbar nach der Vollendung des *Großstadt-Triptychons,* nämlich in der Mitte des Jahres 1928, begann Dix, folgt man neueren Erkenntnissen, die Vorbereitungen für das zweite Triptychon, *Der Krieg* (Abb. 33). Anders als beim motivähnlichen *Schützengraben* von 1923, der auf Leinwand gemalt war, ließ er nun den Bildträger «aus dicken, gut abgelagerten Hölzern» fertigen, «die von Handwerkern sorgfältig zusammengefügt wurden», wie er 1958 in einer Lektion für Studierende als generelle Empfehlung formulierte. Allein damit war der besondere Geltungsanspruch dieses Werks schon vor seinem eigentlichen Entstehen signalisiert. Im Jahr der Fertigstellung, 1932, wurde es – ein letztes Mal vor dem systematischen Bildersturm der Nationalsozialisten – auf der Herbstausstellung der Preußischen Akademie in Berlin präsentiert. «Es ist», schrieb der Journalist Bruno E. Werner am 16. Oktober 1932 in der *Berliner Rundschau,* «eine apokalyptische Vision, phosphoreszierend im Grauen». Anders als einige Jahre zuvor beim *Schützengraben* war das Echo nun, am Ende der Weimarer Republik, schwach.

Den sehr langwierigen und komplexen Werkprozess haben die Restauratorinnen Marlies Giebe und Maria Körber im Dresdner Ausstellungskatalog von 2014 anhand der Skizzen, des Kartons, dessen rechter (noch erhaltener) Teil schließlich durch eine andere Version ersetzt wurde, außerdem mit Hilfe von Röntgenaufnahmen, kunsttechnologischen Untersuchungen und aufgefundenen Fotos von einem Zwischenzustand des Gemäldes genauestens rekonstruiert. Es muss ein selten mühevoller Vorgang gewesen sein: mit vielen Schichten von der Vorleimung und der Gipsgrundierung über die Unterzeichnung, die Lasur, eine Temperauntermalung bis zu mehrschichtigem Farbauftrag und permanenten Überarbeitungen aller vier Tafeln. Es seien, so Giebe und Körber, alle Möglichkeiten genutzt worden: traditionelle Mischtechniken mit feinzeichnerischen Details, deckende Primamalerei ebenso wie stark pastos aufgespachtelte Ölfarbe mit plastischen Effekten. Die Überarbeitungen galten vor allem der formalen Konzentration und der erzählerischen Klarheit. Mehrere motivische Anspielungen – wie beispielsweise oben mittig die Hinweisgeste des Aufgespießten oder im Zentrum des Mittelbildes die gespreizte Hand des auf dem Kopf stehenden Leichnams – verweisen unmittelbar auf Dix' großes Vorbild, Grünewalds *Isenheimer Altar.*

Das Triptychon schließt – zumal mit seiner Predella – schon äußerlich an die mittelalterliche Form des Altars an. Im Mittelteil ist die Grundkonstellation des *Schützengraben*-Bildes mit der aufgespießten, quer ins Bild ragenden Leiche, einer aktualisierten Kreuzigung, aufgegriffen, darunter eine Anhäufung von Leichenteilen, Gedärmen und blutigem Morast. Aber das undurchdringliche, in seiner Unmittelbarkeit bestürzende Chaos des vorangegangenen *Schützengraben*-Bildes hat eine andere Erscheinungsform angenommen. Es ist nun stärker figürlich differenziert, damit akzentuiert und dramaturgisch präzisiert, vor allem durch einzelne herausgehobene Bildelemente: den Soldaten mit der Gasmaske, der keine Lebenszeichen mehr abzugeben scheint, die durchlöcherte, auf dem Kopf stehende Leiche rechts mit der erstarrten, ausgestreckten Hand, dazwischen die Reste eines Unterstands mit Sandsäcken und Wellblech sowie schließlich die in die Tiefe gehende Landschaft mit Ruinen, nackten Baumstämmen, Bombenkratern. Alles ist auch hier Tod, Abraum der vollständigen Vernichtung von Menschen, Zivilisation und Natur. Der wilden, eruptiven Provokation in *Schützengraben* folgte die große bildliche Aufarbeitung des Themas.

Zur dramaturgischen Durchgliederung tragen die Seitentafeln entschieden bei. Links brechen die Soldaten im Morgengrauen auf, rechts wird ein Verletzter vor einem nächtlichen Inferno gerettet, in der Mitte zeigt sich die Situation tags nach der Schlacht, und in der Predella ist nach Dix das Ausruhen der Soldaten dargestellt. Der Kreislauf der Tageszeiten strukturiert das Bildgeschehen. Während im *Schützengraben* nicht zwischen Freund und Feind unterschieden wurde, weisen nun die Helmformen eindeutig darauf hin, dass die Deutschen gemeint sind. Sie sind die Opfer, sie erscheinen nicht als Kämpfende, und auch der Feind ist nicht in Sicht: die Niederlage als Schicksal der Deutschen. Dem Retter rechts gab Dix seine eigenen Züge. Wiederum wird damit die Zeugenschaft des Künstlers bekundet und die Wahrhaftigkeit des Geschehens beglaubigt.

Wo der *Schützengraben* Schrecken offensichtlich verbreitete, ist das Triptychon eine differenzierte Mahnung. «Der Anblick», schrieb Marion Ackermann im Katalog zur Ausstellung *Drei. Das Triptychon in der Moderne* (2009), «ist für den Betrachter kaum zu ertragen, doch wird das Grauen durch das Format des Triptychons ins Überzeitliche transformiert und zum Mahnmal verdichtet.» Ebendiese Funktion schwebte Dix vor: Da die Menschen mittlerweile begonnen hätten, die schrecklichen Zerstörungen und die Folgen des Ersten Weltkriegs zu vergessen, habe er seine Erfahrungen noch einmal zusammenfassend vor Augen führen wollen: «Ich wollte also nicht Angst und Panik auslösen, sondern Wissen um die Furchtbarkeit eines Krieges vermitteln und damit Kräfte der Abwehr wecken.» Auch wenn es sich dabei um eine spätere Äußerung, und zwar für das offizielle DDR-Organ *Neues Deutschland* vom 15. September 1964 handelt, bleibt der Gehalt: Die Ambivalenz des *Schützengraben*-Bildes (Abb. 14) wurde angesichts der konkreten politischen Situation in Deutschland zu Beginn der 30er-Jahre in ein aktuelles Menetekel verwandelt: «Ich wollte Kräfte der Abwehr wecken.»

Entsprechend stellte sich Dix die Präsentation vor: nicht im Museum, sondern an einem speziellen öffentlichen Ort, womöglich «drüben in der Königsallee», «da sollte man einen Bunker bauen», unterirdisch, «da hängt das Bild drin, das ist künstlich beleuchtet, und jeder, der vorbeigeht, geht mal rein und guckt sich das an.» Es sollte ein «abschreckendes Zeugnis sein, wessen der Mensch fähig ist». Damit wäre die Funktion des Triptychons als Mahnmal – aufgestellt in einem kriegsmäßigen Schutzraum – unmissverständlich demonstriert worden.

Tatsächlich nahm das *Kriegstriptychon* einen ganz anderen Weg. Um es politischen Zugriffen zu entziehen, lagerte Dix es von 1933 bis 1946 zunächst bei Freunden in Dresden-Plauen, dann in Reinholdshain bei Dippoldiswalde ein. So blieb es erhalten, anders als der *Schützengraben*, der in der Münchner Ausstellung 1937 als «gemalte Wehrsabotage» angeprangert wurde und seit Ende des Zweiten Weltkriegs verschollen ist. Ab 1947 hing das *Kriegstriptychon* im Museum Moritzburg in Halle und ab 1957 als Dauerleihgabe des Künstlers in den Dresdner Sammlungen. Da man in der DDR vor allem antikapitalistische und antifaschistische Züge in dem Werk sah und es so in den Gründungsmythos des Staats eingepasst werden konnte, bemühte man sich jahrelang um einen Ankauf.

Als Dix nach einigem Zögern zustimmte, bestand er auf Bezahlung in Devisen, über die die Museen jedoch nicht verfügten. Wegen des großen politischen Interesses an dem Werk wurde auf Anregung des Kulturministers Klaus Gysi und unter Beteiligung der Dresdner Museumsdirektoren beschlossen, insgeheim Werke aus Dresdner Sammlungen über den Volkseignen Handel Antiquitäten auf den westlichen Markt zu bringen, um die nötigen Devisen zu erwirtschaften. Man entschied sich, wie Birgit Dalbajewa rekonstruiert hat, vor allem für Stücke aus der Porzellansammlung und aus dem Historischen Museum (Rüstkammer), aber auch für einige Gemälde aus dem 19. und 20. Jahrhundert. So konnte der Ankauf 1968 vollzogen werden. Otto Dix schenkte dem Dresdner Kupferstich-Kabinett daraufhin 44 Zeichnungen und Aquarelle sowie ein frühes Gemälde.

Die beiden Triptychen *Großstadt* und *Der Krieg* wollen zusammen gesehen sein. Statt der Ambivalenz (beim *Schützengraben*) und dem Doppelsinn (bei den Porträts) ist nun der Antagonismus der zeitgenössischen Lebenswirklichkeit bestimmend: hier das überhitzte Vergnügen angesichts sozialer Nöte, der falsche Schein und die gleißenden Farben, dort die totale Zerstörung, das Ende in trostlosen braungrauen Farben, hier der Tanz und dort die Toten.

Verfemung, Rückzug, Resistenz

Allegorische Szenen und Landschaften 1933–1945

Kaum waren die Nationalsozialisten im Januar 1933 an die Regierung gekommen, begannen sie, die künstlerische Moderne auszulöschen. Mochte man auch ein paar Jahre lang intern über den Charakter einer vermeintlich originären deutschnationalen Kunst streiten, die amtlichen Maßnahmen waren sogleich entschieden und rigoros: Entlassungen der modernen Künstler aus ihren Professuren und der fortschrittlichen Museumsdirektoren aus ihren Ämtern sowie «Gleichschaltung» insgesamt des kulturellen Lebens.

Otto Dix wurden im April 1933 das Lehramt (wenig später auch die Pension) und das Atelier in der Dresdner Akademie entzogen; ebenfalls in diesem Monat schlug man seine im Jahr zuvor geschaffene Wandmalerei im Dresdner Hygiene-Museum ab; im Mai musste er aus der Preußischen Akademie der Künste austreten. Einzelne seiner Werke tauchten bereits in diesem Jahr in den ersten die Modernen diffamierenden Ausstellungen in Mannheim, Karlsruhe, Nürnberg, Chemnitz und Stuttgart auf. Als im September und Oktober 1933 eine Schau unter dem Titel *Entartete Kunst* – Vorläuferin der berüchtigten Münchner Ausstellung von 1937 – im Innenhof des Neuen Rathauses Dresden gezeigt wurde, ragten zwei Werke von Dix im Format und mit ihrem Inhalt heraus: *Die Kriegskrüppel* von 1920 und *Der Schützengraben* von 1923. Wie seine Kollegen galt Otto Dix als verfemt. Die künstlerischen, die geistigen und die tatsächlichen Existenzgrundlagen waren ihm genommen: kaum noch Disput mit Gleichgesinnten und keine Herausforderungen durch Studierende, kein Kunstbetrieb, weder größere Ausstellungen noch Museumsankäufe, keine anregende öffentliche Resonanz.

Indes entstanden allen Widerständen zum Trotz sogleich zwei bedeutende Werke, mit denen Dix die Reihe seiner zeitbezüglich-warnenden Allegorien noch einmal fortsetzte, «hellsichtige Zeitkommentare im Gewand christlicher Moralikonografie», die, so Ulrike Lorenz im Mannheimer Ausstellungskatalog von 2013, zurückzuführen seien auf die «apokalyptische Zeitstimmung am Beginn der Diktatur», nämlich die Gemälde *Die Sieben Todsünden* und *Triumph des Todes*. Zu ersterem äußerte Dix, als er noch daran arbeitete, es entspräche so gar nicht «dem neuen deutschen Feldgeschrei ‹Kraft durch Freude›», und zu letzterem, es sei «nicht fürs IIIte Reich geeignet». Tatsächlich gehören beide Werke – wie Max Beckmanns *Departure (Abfahrt)* von 1932/33 – zu den großen widerständigen Arbeiten aus der Anfangszeit der nationalsozialistischen Herrschaft.

Für eine politische Auslegung der 1933 entstandenen *Sieben Todsünden* (Abb. 27) wurde oft die Figur des Neids mit dem hitlerschen Schnurrbart in Anspruch genommen, den Dix zwar erst nach 1945 hinzufügte, aber bereits im vorausgehenden Karton angedeutet hatte. Doch will das Bildganze gesehen werden.

Groteske Gestalten unterschiedlicher Maßstäblichkeit und heterogener Herkunft bilden ein fulminantes, gespenstisches Ensemble, das Dix auf dem Karton aufschlüsselte: die Hexe als Geiz, der Gnom als Neid, dahinter die Figur im Totenkostüm als Trägheit des Herzens, links das gehörnte Untier als Zorn und rechts die Wollust, darüber die Gefräßigkeit und oben in der Mitte der Hochmut. Als Karl Nierendorf das Werk im März 1934 in Dix' Atelier sah, schrieb er, der «phantastische Maskenzug» habe einen starken Eindruck auf ihn gemacht. Tatsächlich bezog Dix sich, worauf auch James A. van Dyke im Stuttgarter Ausstellungskatalog von 2012 hingewiesen hat, mit seinem «Maskenzug» auf die Figuren und Larven der schwäbisch-alemannischen Fastnacht. Das hatte er bereits programmatisch auf den jeweils ersten Seiten der Kinderbücher für die Söhne Ursus (1930) und Jan (1931) getan. Dort erscheinen unter den Titeln *Karneval* und *Fasnacht* der Sense schwingende Tod im schwarzen, weiß bemalten Gewand, ein aufgedunsener Babykopf, eine Hexe mit Kopftuch und ein mit den Armen fuchtelndes Ungeheuer wie der Gehörnte links im Gemälde. Es sind keine Unwesen wie bei Hieronymus Bosch, sondern maskierte Menschen, Larven.

Dix griff also auf Masken zurück, in denen exaltierte Auswüchse bereits ihre gespenstische Gestalt und Form angenommen hatten – wie Picasso sich um 1907 afrikanischer Masken bedient hatte, weil sie bereits die ersehnte erschreckende, magische Formgestalt mitbrachten. Wieder suchte Dix die extreme Ausdrucksform, nun jedoch unter Berufung auf volkstümliche Bräuche. Auf das Volkstum bezogen sich auch die Nationalsozialisten, sie eigneten es sich als Ordnungen gebietendes deutschnationales Gut an. Bei Dix das Gegenteil: Er aktivierte das anarchische Schreckenspotenzial der wilden Maskenauftritte. Diese sich unter dem Etikett der biblischen Todsünden einführenden Ungeheuer, geritten vom bizarren Gnom mit der Gesichtsmaske, kündigten 1933 den Untergang an. Hinten an der Trümmerwand findet sich wie ein Menetekel ein Zitat aus Nietzsches *Dionysos-Dithyramben*: «Die Wüste wächst: weh dem, der Wüsten birgt!»

Mit *Triumph des Todes* von 1934 und *Lot und seine Töchter* von 1939 (mit dem brennenden Dresden im Hintergrund) und mehreren Christophorus-Varianten setzte Dix die Folge seiner großen widerständigen Figurenbilder fort. Wo sie Überdeutlichkeit und Monstrosität aufweisen, zeigen sie Verwandtschaft mit anderen massiv politisch argumentierenden Werken aus der NS-Zeit, unter deren Druck sie entworfen wurden, etwa Rudolf Schlichters *Blinde Macht* (1937) und Magnus Zellers *Der Hitlerstaat* (1938/39), beide in der inneren Emigration geschaffen, Max Ernsts in Frankreich gemaltes Inbild unaufhaltsamer Gewalt *Der Hausengel* (1937) sowie Oskar Kokoschkas im Londoner Exil entstandenes, faschismuskritisches Gemälde *Das rote Ei* (1940/41) und George Grosz' *Kain oder Hitler in der Hölle* (1944) aus der amerikanischen Emigration. Es scheint, als ob man meinte, dem Regime in Deutschland sei künstlerisch nur mit ungewöhnlicher, unerhörter, monströsester Malerei beizukommen. Otto Dix setzte mit der bereits in den 1920er-Jahren praktizierten Antinomie aus Anziehung und Abwehr seine «Ästhetik des Schreckens» fort.

Nachdem er das Atelier in der Akademie hatte verlassen müssen, mietete Dix zunächst Arbeitsräume an der Kesselsdorfer Straße 11 in Dresden-Löbtau, zog sich dann aber mit seiner Familie aus der großstädtischen Öffentlichkeit an die vermeintlich politisch entlegene Bodenseeregion zurück («Ich bin eben anonym durchgerutscht»). Unterschlupf fand er zunächst in Randegg bei Singen auf dem Sommersitz des früheren Mannes von Martha Dix, dann bezog man 1936 ein eigenes, aus einer Erbschaft von Martha Dix finanziertes Haus in Hemmenhofen. Bis 1943 sowie zwischen 1947 und 1966 hielt er sich jedoch alljährlich für längere Zeit in Dresden auf, um dort zu arbeiten und parallel mit seiner zweiten Familie zu leben. Seit 1927 war er mit der 11 Jahre jüngeren Käthe König, einer Sachbearbeiterin bei Gericht, zusammen; 1939 wurde eine gemeinsame Tochter geboren. Zu den wenigen Sammlern, die ihn noch förderten, gehörten der Fabrikant Fritz Niescher und der Arzt Otto Köhler in Chemnitz sowie der Unternehmer Wilhelm Zersch in Bad Köstritz.

Als die Nationalsozialisten 1937 ihren systematischen Raubzug durch die deutschen Museen vollzogen, wurden auch Werke von Dix wie *Die Kriegskrüppel, Der Schützengraben* (beide in Dresden), das *Elternbildnis I* (Köln), *Arbeiter vor Fabrik* (Stuttgart), *Frau mit Säugling* (Königsberg) sowie die Bildnisse von Anita Berber (Nürnberg), Hugo Erfurth (Dresden), Theodor Däubler, Max Scheler, Karl Krall (alle Berlin), Herbert Eulenberg und Franz Radziwill (beide Düsseldorf) beschlagnahmt. Insgesamt entfernte man rund 260 seiner Werke aus deutschen Museen. Einige von ihnen wurden in die Ausstellung *Entartete Kunst* in München 1937 aufgenommen; die Kriegsbilder waren dort als «bewusste Wehrsabotage» beziehungsweise (im Begleitheft) als «gemalte Wehrsabotage» ausgewiesen. Er könne sich, hatte Dix im Jahr zuvor in einem Brief ironisch formuliert, «Gottseidank – nicht umstricken! Bleiben wir also die Alten. Es lebe die Entartung!» Und er ahnte das Heraufkommen eines Kriegs, vor dem er hatte warnen wollen, sowie die neuen politischen Prioritäten: «Mars nähert sich der Erde in rascher Progression, da müssen die Musen schweigen.»

Mit dem Umzug aufs Land waren Dix die spezifischen künstlerischen Inspirationsquellen gänzlich abhandengekommen: die anregende Großstadt mit ihren prägenden Persönlichkeiten und den wundersamen Typen, den pulsierenden Zeitbezügen, den Vergnügungsetablissements, den sozialen Gegensätzen. Für seine analysierenden Bilder war er auf die gesellschaftlichen Spannungen, den Augenschein und die lebhaften Begegnungen angewiesen, aber, schrieb er 1936: «Es gibt nichts stupideres und geistig sterileres als Leben auf dem Dorf.» Wie Grosz in Amerika nicht weiter die preußischen Militärs und die Kriegsgewinnler zu geißeln vermochte, konnte sich Dix in friedlich-paradiesischer Landschaft nicht länger den Verwerfungen der Großstadtgesellschaft widmen. «Die Landschaftsmalerei», äußerte er zwanzig Jahre später, «war damals eine Art Emigration. Ich hatte keine Gelegenheit zu Deutungen von Menschen.» So nahm er notgedrungen die Gelegenheit zu Deutungen seiner aktuellen Umwelt, der Landschaft. Dabei ist ein unverwechselbares, oft unterschätztes und missverstandenes Werk entstanden.

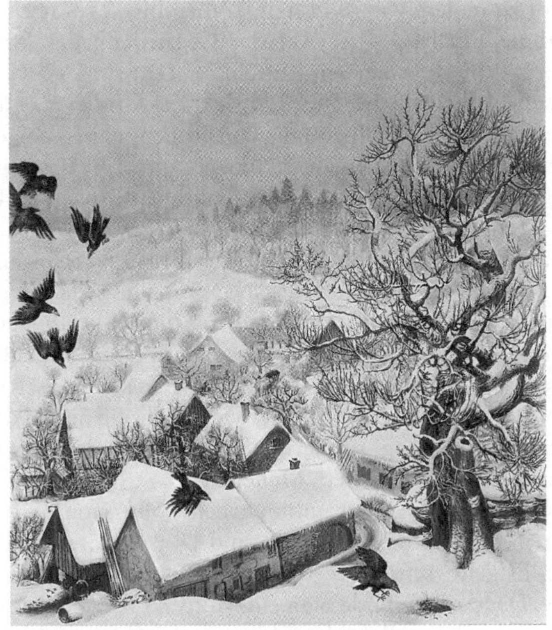

36 – Randegg im Schnee mit Raben, 1935, Otto Dix Stiftung Vaduz

Nimmt man die stärkeren Bilder zum Maßstab, zeigt sich, dass Dix die Landschaftsmalerei neu formulierte, indem er sie zeitgenössisch-inhaltlich auflud – darin blieb er sich bei allem Motivwechsel treu.

Der *Judenfriedhof bei Randegg im Schnee,* der de facto malerisch an einem Hang liegt, ist mit seinen aufgereihten, aber traditionsgemäß teils umgekippten Grabsteinen nicht als etwas Pittoreskes und schon gar nicht in strahlendem Sonnenschein aufgenommen, sondern im Schatten, grau, kalt. Im Jahr der Entstehung des Bildes, 1935, schufen die »Nürnberger Gesetze« die Grundlage für die Verfolgung der Juden in Deutschland: Antisemitismus war gesetzlich verordnet. Jüdische Friedhöfe wurden geschlossen oder geschändet. In dieser Situation einen solchen

Friedhof zu malen, war kein naives Vorgehen, es war eine Stellungnahme, ein bewusster Akt der Gegenwehr, der Resistenz mit den spezifischen eigenen Mitteln.

Dass die gediegene, friedliche Ansicht des Orts in *Randegg im Schnee mit Raben* im selben Jahr von großen, unberechenbaren, höchst aggressiven schwarzen Vögeln erschreckend gestört wird, ist ein Hinweis auf allerorts unmittelbar drohendes Unheil (Abb. 36). In der *Abendstimmung bei Wangen* lodert die Landschaft am Himmel und noch einmal gespiegelt im See – entstanden ist das Bild im Jahr des Kriegsbeginns; alles scheint in Flammen zu stehen. Im *Aufbrechenden Eis (mit Regenbogen über Steckborn)* von 1940 fährt das Endstück eines Regenbogens senkrecht in die finstere Landschaft mit dem symbolisch vereisten See. Der Regenbogen ist nicht, wie üblich, ein Signal der aufbrechenden Hoffnung, sondern ein letzter Rest der schwindenden Hoffnung: auch dies ein Menetekel.

Wie hier bei der realiter unmöglichen Konfrontation von Regenbogen und Nacht ersichtlich, sind Dix' Landschaften Konstrukte. Es gelte, schrieb er 1939, «die Landschaften frei zu erfinden». Denn selten finde man ein Motiv so vor, wie man es für das Bild brauche. «Überschneidungen und Gegensätze» machten «das Bild erst lebendig», also ausdrucksfähig. Er scheue sich daher nicht, «die Ufer des Bodensees mit Felsen und Gebirgen zu versehen, die es hier gar nicht geben kann». Schließlich sei nicht die von «Schulmeistern» erfundene «Naturwahrheit» ausschlaggebend, sondern «der künstlerische Ausdruck». In diesem Kombinationsverfahren folgte er großen Landschaftsmalern wie Caspar David Friedrich. Vor allem aber erlaubte es ihm die inhaltliche Aufladung.

Schließlich ist im Gemälde *Gewitter im Riesengebirge* von 1942 der vollständige Bruch mit der real anmutenden Landschaft vollzogen (Abb. 31). In einer aus Gebirge und Wald zusammengesetzten Szenerie ragt ein kalt und grell beleuchteter toter Baumstumpf in den feurig tobenden Himmel: das bestürzende, surreale Bild einer Endzeit. Er habe, schrieb Dix, «in letzter Zeit ziemlich dunkle düstere Landschaften» gemalt, eine, die er gerade begonnen habe, sei «die reinste Höllenlandschaft».

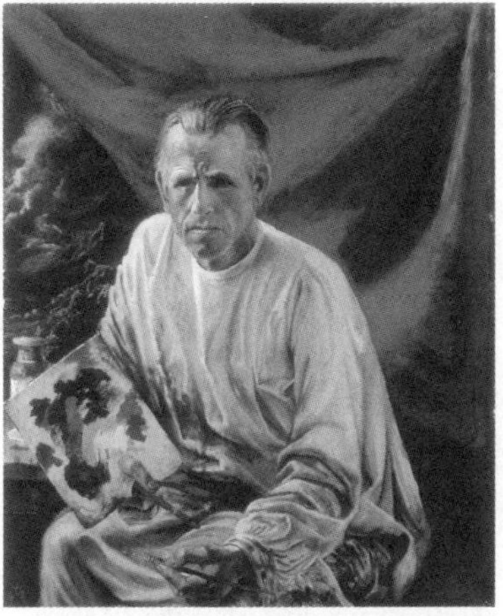

37 – Selbstbildnis mit Palette vor rotem Vorhang, 1942, Dauerleihgabe im Kunstmuseum Stuttgart

Aus dem erzwungenen Rückzug in die ihm eigentlich fremde Umgebung schöpfte Dix neue Möglichkeiten symbolisch wirkender Landschaftsbilder der Resistenz. Sie sind formal den Alten Meistern und der Romantik verpflichtet, nehmen aber mit ihren düsteren Stimmungen und Ahnungen aktuelle Zeitumstände auf und weisen damit jenen Doppelsinn auf, mit dem sie das vorausgegangene Werk fortsetzen. Zudem sind sie – wie die Figurenbilder der 20er-Jahre – Attacken, in diesem Fall Gegenbilder zu den NS-Landschaften, Angriffe auf die von solchen Machwerken geschürten Erwartungen an deutschtümelnde Idyllen, nämlich «reinste Höllenlandschaften». So findet sich in den Landschaften auf den zweiten Blick mehr Werkkontinuität als oftmals angenommen.

Eine solche «Höllenlandschaft» begleitet auch das *Selbstbildnis mit Palette vor rotem Vorhang* aus dem Jahr 1942 (Abb. 37). Hinter dem grimmig-verschlossen schauenden Maler mit dem Werkzeug, mit dem die Bilder geschaffen werden, ist eine dramatisch schwarz verrauchte Landschaft zu sehen, jedoch nur in kleinem Ausschnitt, alles andere verbirgt ein roter Vorhang. Der Maler widmet sich dem eingegrenzten Segment von Wirklichkeit, das ihm noch zugänglich ist, und deutet es im Sinne düsterer Zerstörungsgewalt. Insofern handelt das Bild programmatisch vom Auffassen und vorausschauenden Deuten der Wirklichkeit, speziell der Landschaft, in Zeiten der erzwungenen inneren Emigration.

Trotz aller Einschränkungen konnte Dix gelegentlich Werke

verkaufen. Die Landschaften gingen zeitweilig ganz gut, hinzu kamen einzelne Aufträge, auch für Porträts («... immer ein bissel unerfreulich, weil man sich so mit der Ähnlichkeit plagen muss und dann kriegt die Malerei etwas Ängstliches und sieht gepinselt aus»). Dix sprach angesichts einiger Landschaften gelegentlich von «Verkaufsbildern», schränkte aber ein: «Selbst Verkaufsbilder müssen erstklassig sein, sonst nimmt sie ja niemand.» Zeichnungen und graphische Blätter wurden hin und wieder von Nierendorf abgesetzt, jedenfalls bis zu dessen Emigration im Jahr 1936. Es gab einzelne Ausstellungsbeteiligungen und 1935 eine in der Presse durchaus wahrgenommene gemeinsame Schau mit Franz Lenk bei Nierendorf in Berlin unter dem demonstrativen Titel *Zwei deutsche Maler*, sogar eine Einzelausstellung 1938 in Zürich (Kunstsalon Wolfsberg), auf der Dix *Die sieben Todsünden* zeigen konnte. Ansonsten gerieten die Figurenbilder und die Landschaften seit der diffamierenden Ausstellung 1937 in München nicht mehr an die Öffentlichkeit.

Im März 1945, kurz vor Kriegsende, zog man Dix noch zum «Volkssturm» ein, bei Colmar geriet er in französische Gefangenschaft, konnte sich aber künstlerisch betätigen. Im Februar 1946 wurde er entlassen und kehrte zurück nach Hemmenhofen. Im August dieses Jahres rehabilitierte man in der *Allgemeinen deutschen Kunstausstellung* in Dresden auf dem Territorium der späteren DDR zum ersten und letzten Mal die jüngst verfemten Künstler sowohl aus dem Osten als auch aus dem Westen, die Figurativen wie die Abstrakten, aus dem Osten unter anderen Conrad Felixmüller, Hermann Glöckner, Otto Griebel, Hans und Lea Grundig, Edmund Kesting, Wilhelm Lachnit, Kurt Querner und aus dem Westen Willy Baumeister, Max Beckmann, Lyonel Feininger, Oskar Schlemmer, Paul Klee und Oskar Kokoschka, Ernst Wilhelm Nay und Karl Otto Götz. Offenbar im Mittelpunkt stand Dix' *Kriegstriptychon*.

«Wiederum zwischen 2 Stühlen»

Das späte Werk 1946–1969

Die Vielschichtigkeit der zeithistorischen wie der kulturpolitischen Umstände unmittelbar nach der Befreiung von der Naziherrschaft in dem sich bald in zwei eigene Systeme teilenden Deutschland potenzierte sich noch für Otto Dix. Denn er stand als einziger deutscher Künstler auf beiden Seiten, im Westen wie im Osten, in den wechselnden Zeiten künstlerisch weder hier noch da unangefochten, aber im Leben unbehelligt.

Er lebte mit seiner Frau Martha weiterhin im westlichen Hemmenhofen, hielt sich aber alljährlich auch bei seiner anderen Familie in der DDR auf, bei Käthe König und der gemeinsamen Tochter Katharina in Dresden. Bei offiziellen Anlässen ließ er sich dort gern von seiner Partnerin begleiten. Er arbeitete eng mit dem Lithodrucker Roland Ehrhardt zusammen, nahm alte Freundschaften – etwa mit dem Kunsthistoriker Fritz Löffler und dem Sammler Friedrich Bienert – auf und pflegte mit Künstlern wie Wilhelm Lachnit, Josef Hegenbarth, Hans Theo Richter, Max Schwimmer oder seinem Schüler Ernst Bursche Freundschaften. Dix' Mutter lebte noch in Gera, bis zu ihrem Tod 1953. Dresden war für ihn die «Wahlheimat». Offensichtlich schätzte er das Leben und die Begegnungen in der Stadt, trotz aller furchtbaren Zerstörungen, er fahre gern nach Dresden, weil «mich die Stadt in ihrer ganzen Atmosphäre anspricht und die Menschen eine Sprache sprechen, die ich verstehe», aber auch «weil mich das Landleben langweilt». Jedenfalls beklagte er sich mehrfach in Briefen über die Isolation am Bodensee, es fehlten «jegliche Resonanz und Anregung». Allerdings mussten beim Versand der in Dresden entstandenen Drucke in den Westen vielerlei bürokratische Hindernisse überwunden werden, und eventuelle Ankäufe durch Museen oder Privatleute im Osten hatten ihre Schwierigkeiten, weil die Ostmark nicht in Westmark umgetauscht werden konnte.

Akzeptiert wurde Dix' Werk zunächst gleichermaßen im Osten wie im Westen. 1946 nahm er, wie erwähnt, an der bedeutenden Manifestation zur Rehabilitierung der Moderne in der *Allgemeinen deutschen Kunstausstellung* und 1949 an der 2. *Deutschen Kunstausstellung* in Dresden sowie 1947 an der Schau *Deutsche Kunst der Gegenwart* in Baden-Baden und im folgenden Jahr an der Ausstellung *Deutsche Malerei und Plastik der Gegenwart* in Köln teil. Einzelausstellungen folgten 1949/1950 in Dresden und Gera sowie in Hamburg, Freiburg und Karlsruhe. Im östlichen Berlin und in Dresden bemühte man sich, Dix an die Kunstakademien zu berufen, was jedoch scheiterte. Wenig später lehnte das nordrhein-westfälische Kultusministerium eine von der Düsseldorfer Kunstakademie gewünschte Berufung ab, weil Dix – nicht zuletzt wegen seiner DDR-Beziehungen – über ein «fragwürdiges Prestige» verfüge. Politische Bedenken könnten auch beim Scheitern in Ostberlin und in Dresden eine Rolle gespielt haben; schließlich zog der Kalte Krieg auf.

Immerhin wurde Dix 1955 ordentliches Mitglied der Akademie der Künste in Berlin/West und ein Jahr später korrespondierendes Mitglied der Deutschen Akademie der Künste in Berlin/DDR. Auch bei den offiziellen Anerkennungen blieb ein gewisses Gleichgewicht erhalten. So verlieh man ihm 1966 den Alfred Lichtwark-Preis der Freien und Hansestadt Hamburg sowie den Martin-Andersen-Nexö-Kunstpreis der DDR; der eigentlich für ihn vorgesehene Nationalpreis der DDR entging ihm, weil er gegen die obrigkeitliche Schließung einer Ausstellung des befreundeten Künstlers Hermann Naumann in der Moritzburg protestiert hatte. Die ersten umfangreichen Retrospektiven nach dem Krieg fanden nicht im Westen, sondern 1957 in Ostberlin und Dresden statt. Ihnen folgte 1963 in der Westberliner Kongresshalle eine Schau mit allen wichtigen Werken. Die lange maßgebliche Monographie veröffentlichte Fritz Löffler 1960 in Dresden.

Vor welchem künstlerischen Hintergrund aber arbeitete Dix seit seiner Entlassung aus der Kriegsgefangenschaft im Jahr 1946? Bis etwa 1950 unterschied sich die Produktion in Ost und West zwar in ihren tendenziellen Schwerpunkten, doch schien für beide Seiten noch alles offen. Trümmer und Gefangenschaft waren vorherrschende Motive, Klagen und Ängste die maßgeblichen Themen der Bilder. Das Karge und das Ärmliche sowie gedeckte Farben in roher Malweise bestimmten sie. Im Westen pflegten Maler wie Werner Gilles, Georg Meistermann, Ernst Wilhelm Nay oder Heinz Trökes in diesen Jahren noch die abstrahierende Figürlichkeit, wobei, wie Klaus Herding 1988 in einem Aufsatz über die frühe Nachkriegskunst festgestellt hat, eine formale «Versteinerung», eine «rudimentäre Vereinfachung» charakteristisch ist. Auch im Osten, schrieb Hans Grundig 1947, sei «alles im Fluss». Man versuchte dort Anknüpfungen an die Klassische Moderne, trotz gewisser offizieller Forderungen nach sozialistischen Bildern.

Die Szene wandelte sich hier wie dort nach der Gründung der Bundesrepublik und – auf dem Territorium der sowjetischen Besatzungsmacht – der Deutschen Demokratischen Republik im Jahr 1949, also zweier deutscher Staaten, die sich gegenseitig nicht anerkannten. Kunstgeschichtlich ist 1950/1951 die Zeit der Wende. In der DDR setzte die sogenannte Formalismus-Debatte ein, in deren Verlauf alles Schaffen verurteilt wurde, das von den traditionellen Formen und Techniken des 19. Jahrhunderts abwich; die Moderne war tabu. Um die Einstellung der Künstler auf den Sozialistischen Realismus überprüfen zu können, richtete man eigens eine Staatliche Kommission für Kunstangelegenheiten ein. Die Folgen zeigten sich bereits 1953 auf der *III. Deutschen Kunstausstellung* in Dresden. Der normative Realismusbegriff hatte sich durchgesetzt; parteilich sollte die Kunst sein, positiv und volksnah. Otto Dix hatte darin keinen Platz mehr; seine Einsendungen wurden nunmehr ausjuriert.

Dagegen zeigte sich 1955 auf der ersten *Documenta* in Kassel, dass im Westen der Übergang vieler Künstler zu abstrakten Gestaltungen einen neuen Hauptstrom erzeugte. Kunsthistoriker wie Werner Haftmann stellten die These auf, die Gegenstandslosigkeit bilde den Höhepunkt einer jahrhundertelangen Entwicklung der Kunst. Politisch wurde die Abstraktion als Zeichen der westlichen Freiheit gegen die konstatierte Unfreiheit im Osten in Anspruch genommen. Hatte Kandinsky, wie eingangs erwähnt, im Jahr 1912 die Gleichberechtigung von Abstraktion und Realismus in der Moderne betont, sofern die Werke einer «inneren Notwendigkeit» entsprächen, wurde nun im Westen aus Abwehr gegen die NS-Kunst und gleichermaßen gegen den Sozialistischen Realismus die Abstraktion zum beherrschenden Dogma. Bezeichnend ist deshalb, dass Dix' Werke nicht nur in Dresden, sondern im selben Jahr 1953 auch in Hamburg vom Deutschen Künstlerbund zurückgewiesen wurden. «Es ist», schrieb er daraufhin, «eine furchtbare Zeit für Maler, die nicht übermodern sind». Zu Haus war er hüben und drüben, aber hier fühlte er sich wegen der neuen Vorliebe für die Abstraktion missachtet, und dort galt er, der sich nicht mit dem Sozialistischen Realismus anfreunden konnte, erstaunlicherweise als Formalist. So fand er sich «wieder mal zwischen 2 Stühlen».

Bereits unmittelbar vor Ende des Weltkriegs hatte sich Dix mehr Freiheit in der Malweise genommen. Seinem in Dresden lebenden Schüler Ernst Bursche teilte er im September 1944 mit, in der Malerei sei er spontaner geworden, «die lausige Vorsicht, die man mit andauernden Lasuren immer haben musste, ist weg», er habe die letzten zwanzig Jahre «viel zu spitzpinselig gemalt», «eine Art Entfesselung» trete ein, die Farben fingen an, «Klänge» zu bilden; «all diesen Renaissancekram» und die langwierigen Malprozesse werfe er über Bord.

So begann er als über 50-Jähriger noch einmal neu mit der Primamalerei, dem spontanen Farbauftrag. Das in düsteren Tarnfarben gehaltene *Selbstbildnis als Kriegsgefangener* von 1947 wurde zu einem ikonischen Bild (Abb. 38). Es ist ziemlich einzigartig, mit welcher Härte und wie eindrücklich das Schicksal Kriegsgefangener an seinem eigenen verhärmten, von Stacheldraht umgebenen Konterfei aufgerufen wird. Mit der Wirkungsnähe von Stacheldraht und Dornenkrone kommt christliche Ikonographie ins Spiel. Wiederum ist das Selbstbildnis zugleich ein Zeitbild: Es meint nicht nur ihn, Otto Dix, es meint den Zustand einer ganzen Generation.

In der DDR wurde sein mittlerweile kunsthistorisches Werk

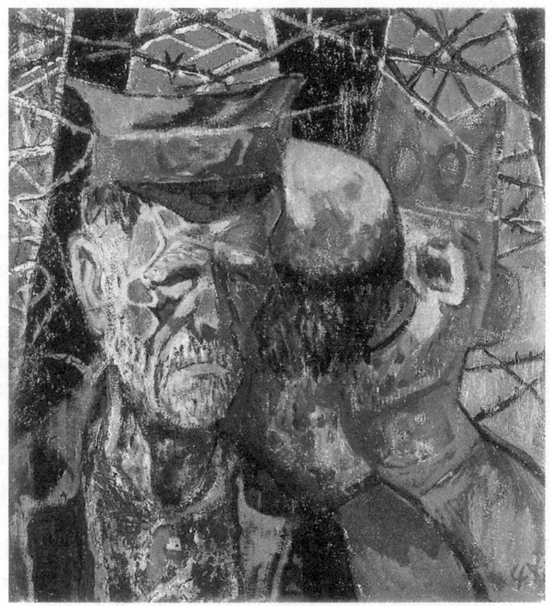

38 – Selbstbildnis als Kriegsgefangener, 1947, Kunstmuseum Stuttgart

als Wegbereiter des aktuellen Realismus geschätzt, wobei man ihn wegen der Kriegsbilder zuweilen auch als Antifaschisten in Anspruch nahm, nun aber erwartete man von ihm ein deutliches Bekenntnis zum Sozialistischen Realismus sowie einen Beitrag zur Darstellung des ‹neuen Menschen›. Dagegen kritisierte man in der Bundesrepublik das während der inneren Emigration entstandene wie das aktuelle Werk in Bausch und Bogen als unzeitgemäß und schwach; es habe bei Weitem nicht die in den 20er-Jahren erreichte Qualität. So gab es wiederum eine kontroverse Resonanz auf Dix' Werk, nun aufgrund der politischen Spaltung des Landes und der entsprechenden kulturpolitischen Folgen. Aus der historischen Distanz ist die Frage aber nicht, wie Dix seine zeitbezügliche Kunst der 20er-Jahre nach 1945 fortsetzte, sondern ob er nach 1945 unter allseits veränderten persönlichen, künstlerischen und historischen Umständen erneut eine zeitbezügliche Kunst schaffen konnte.

Schon Ende der 40er-Jahre kam es in seiner Malerei zu einem erstaunlichen Aufbruch. Die bald sehr farbkräftigen Szenen aus der Nachkriegszeit haben etwas Ungezügeltes, die Figuren wirken oft gezielt ungelenk (Abb. 39). Mit einer Art wilder, vor Grobheiten nicht zurückschreckender, spontaner Malerei wird der Abstraktion ebenso wie dem staatstragenden Realismus eine Absage erteilt, und zwar mit einem eigenen, auftrumpfenden Stil, der über alles gleichermaßen verfügt: die expressive Geste, die abstrahierend-summarische Angabe, das naturalistische Detail wie die groteske Überzeichnung. Schon früh hatte Dix bekannt: »Ich sammle fortwährend, und aus dem Gesammelten wird das Ganze»; dieses synkretistische Prinzip zieht sich durch das ganze Werk. Das ist der formale Aspekt. Inhaltlich geht es mit seltener Heftigkeit und Angriffslust um Fragen der Kultur und der Menschlichkeit.

Im Zentrum vieler Werke aus dieser Zeit steht, zunächst unverfänglich, wenn nicht irreführend, die Passion Christi mit den Motiven der Geißelung, der Verspottung, der Kreuztragung, der Kreuzaufrichtung, der Kreuzigung, der Auferstehung – und mehrfach das Ecce Homo (Abb. 34). Diese Bilder sind figurativ, aber nicht realistisch. Denn es zeigt sich, dass sie zwei unterschiedliche Sphären zusammenbringen, den christlichen Mythos in Gestalt von Christus und die Gegenwart in Gestalt von Spöttern und Schlägern, das Sakrosankte und die triviale Aggression. So geht es inhaltlich nicht um religiöse Themen, sondern unter Zuhilfenahme christlicher Ikonographie um Angriffe auf die Menschlichkeit, um gewaltsame Verfolgung und Märtyrertum in der Gegenwart.

Wenn James Ensor sich in seinem Werk persönlich mit Christus identifizierte und dabei mit angriffslustigen Bürgern umgab, brandmarkte er alle, die seine Kunst verachteten (*Kreuzigung Ensors, 1886*), oder er ging gegen seine schärfsten Kritiker vor, als hätten sie blasphemisch an ihm gehandelt (*Ecce Homo oder Christus und die Kritiker,* 1891), und wenn Paul Gauguin sich als Christus wiedergab, ging es ihm darum, seine Verlassenheit als Künstler eindrücklich zur Schau zu stellen (*Christus im Olivenhain,* 1889). Im Unterschied dazu sind Dix' Christusbilder keine Selbstporträts; die zeitgenössischen Aggressionen, die hier auf Christus gerichtet sind, gelten nicht allein dem Künstler. Vielmehr ist genereller die Verfolgung des geistig-kulturellen, humanistischen Prinzips durch den Ungeist gemeint.

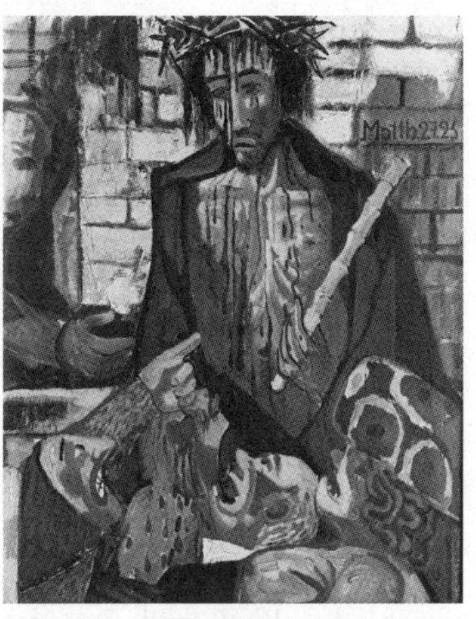

39 – Schmerzensmann (Verspottung), 1964, Otto Dix Stiftung Vaduz

Dieser zerstörerische Ungeist nimmt in Dix' Gemälden und Pastellen verschiedenste Gestalt an: Er erscheint als einfacher rabiater Bürger von nebenan, als uniformierter Aufseher oder gar Sträfling, als stumpfe Masse, als amtlicher Vollstrecker, als personifizierter zähnefletschender Hass, blanke Schamlosigkeit oder geifernde Fastnachtsmaske. Diese Bürger verhöhnen den blutig Gegeißelten, schlagen ihn zusammen, liefern ihn dem Tod aus. Der Ungeist, scheint Dix zu sagen, ist überall zu finden, der freie und der künstlerische Geist überall stark bedroht, er war es gestern unter den Nationalsozialisten, und er ist es heute im Osten und gleichermaßen im Westen. Dix' zornige Ausbrüche gelten jenem Bürgertum, das selbstgefällig abweist, verurteilt oder gar zerstört, was ihm geistig fremd ist. Dabei wurde – wie schon in den 20er-Jahren – die Szene gelegentlich bis ins Groteske verfremdet. Über eine *Kreuzaufrichtung* äußerte Dix: «Unwiderstehliche Merkwürdigkeiten wie der Scharfrichter dort im Unterhemd mit kurzen Hosen, grausige Komik – das ist das, was ich schätze.»

Er fügte hinzu, dass er «gern alte, scheinbar abgenutzte Stoffe» aufgreife, weil sie sofort verständlich seien. Deshalb nutzte er christliche Ikonographie. Ein wesentlicher Grund: «Es ist das Bildhafte – das andere, das Moralische [der religiöse Inhalt, d. Vf.] hat mich gar nicht interessiert.» Er nahm das bewährte und überzeugungskräftig bildlich Vorgeprägte der Christus-Ikonographie auf, ersetzte die Assistenzfiguren durch zeitgenössisches Handlungspersonal und kam so auf eine erneut markant überzeichnete zeitgenössische Thematik. Weder stilistisch noch inhaltlich passten die Werke in die Zeit; gangbar wurde solche grobe Malerei erst in den 1980er Jahren.

Schon 1924 hatte der Kunstkritiker Willi Wolfradt das elementare «Einschlagen dieses Outsiders in die Moderne» registriert. Stets hat Otto Dix mit Befremden von außen auf die Verspannungen der Menschen, ihre Versehrungen, ihre Untaten geschaut und Unterschwelliges erspürt. Ein scharfer, unausweichlicher Blick und eine intuitiv-analytische Gabe erlaubten ihm jene Übersteigerungen der Realität, die seine Bilder damals begründeten und heute noch charakterisieren. Hatte er sich in den frühen Selbstbildnissen selbst in extreme Typen zerlegt, galt seine Aufmerksamkeit in folgenden Jahrzehnten wieder und wieder den randständigen, als typisch angesehenen Personifikationen der Zeit: den Krüppeln und den Huren, den toten Frontsoldaten, den extrovertiert gezeichneten Unangepassten, den monströsen Gestalten und schließlich den fühllosen Aggressoren.

In wechselnden Zeiten – vom Kaiserreich und dem Ersten Weltkrieg über die Revolution und die Weimarer Republik, die Herrschaft des Nationalsozialismus mit dem Zweiten Weltkrieg bis zur Nachkriegszeit – aktivierte Dix die für das jeweilige künstlerische Vorhaben adäquaten bildnerischen Mittel. Ob er für einige Jahre die Gouache als Bildersatz nutzte, für die Krüppel-Bilder gleichzeitig alle Möglichkeiten der Malerei, der Collage und der Imitation aktivierte, im *Krieg*-Zyklus die Aquatinta inhaltsverstärkend einsetzte, zeitweilig die Lasurtechnik und dann wieder die Primamalerei bevorzugte, ob er sich einige Jahre lang auf vielerlei Weise das Aquarell zunutze machte, in den 30er-Jahren die Silberstiftzeichnung so brillant handhabte wie die Alten Meister oder in seiner späten Phase mit der Lithographie prägnanteste Formulierungen fand (Abb. 40) – stets holte er experimentell alles aus der jeweiligen Technik heraus, um jedem Themenbereich höchst eindringliche und in ihrer Überzeichnung befremdliche, Disharmonien nicht scheuende, zuweilen schockierende Bilder der Zeit abzugewinnen.

Bei allen Richtungswechseln zeigt sich jedoch eine Kontinuität. Von heute aus erkennt man: Wie zwangsläufig ging eine Werkgruppe inhaltlich und stilistisch aus den veränderten persönlichen, künstlerischen Erkundungsabsichten und aus den jeweiligen zeithistorischen Umständen hervor. Insofern sind die Richtungswechsel in seinem Werk zwingend. Schließlich wollte Dix stets eine zeitgebundene Kunst mit den ihr zukommenden Bildmitteln schaffen.

Im Verlauf der 1960er Jahre nahm Dix' Produktivität allmählich ab. Nach einem zweiten Schlaganfall starb er 1969 im Alter von 78 Jahren. Dass er als einer der großen deutschen Künstler des 20. Jahrhunderts zu gelten hat, wurde erst in unserem Jahrhundert vollständig offenbar.

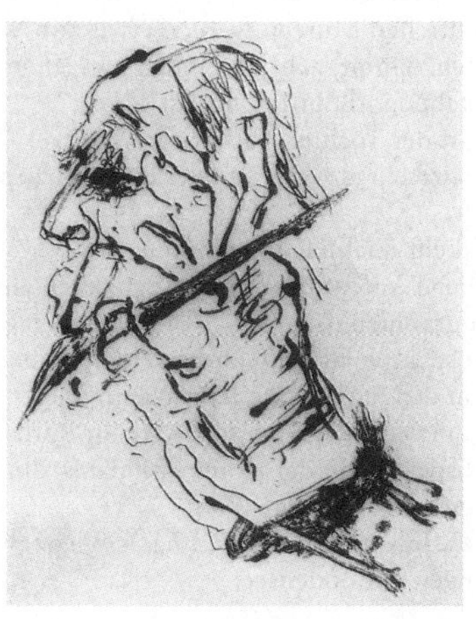

40 – Selbstporträt mit Hand, Lithographie 1968

Lebensdaten

1891	Geboren in Untermhaus bei Gera (Thüringen) als erstes von vier Kindern eines Eisenformers und einer Näherin.
1906–1909	Lehre als Dekorationsmaler in Gera.
1910–1914	Studium an der Königlich Sächsischen Kunstgewerbeschule in Dresden.
1914–1918	Militärdienst.
1919–1922	Studium an der Akademie der Bildenden Künste in Dresden. Mitbegründer der *Dresdner Sezession, Gruppe 1919*.
1922	Übersiedlung nach Düsseldorf, Freundschaft mit den Malern des *Jungen Rheinland*.
1923	Heirat mit Martha Lindner; Geburt der Tochter Nelly.
1925	Übersiedlung nach Berlin.
1927	Umzug nach Dresden, Professur an der Akademie der Bildenden Künste. Geburt der Söhne Ursus (1927) und Jan (1928). Freundschaft mit Käthe König.
1933	Entlassung aus dem Lehramt. Dix gilt als «entarteter» Künstler. Rückzug an den Bodensee, zunächst Randegg, ab 1936 Hemmenhofen.
1937/1938	In deutschen Museen werden etwa 260 Werke von Dix beschlagnahmt; acht von ihnen hängen in der Münchner Ausstellung «Entartete Kunst».
1939	Geburt der Tochter Katharina König.
1945	Dix wird eingezogen und gerät in französische Gefangenschaft.
1946	Rückkehr nach Hemmenhofen.
1947–1968	Jährliche Aufenthalte in Dresden, auch zum Druck von Lithographien.
1957	Retrospektive in der Akademie der Künste in Berlin/DDR und in den Staatlichen Kunstsammlungen Dresden.
1960	Wandmalerei *Krieg und Frieden* im Rathaussaal Singen.
1963	Retrospektive in der Kongresshalle Berlin (West). Zahlreiche Ehrungen in Ost und West.
1969	Am 25. Juli stirbt Otto Dix nach einem zweiten Schlaganfall in Singen am Bodensee.

Literatur (Auswahl)

Die schriftlichen und die mündlichen Äußerungen von Otto Dix sind zitiert nach Diether Schmidt, *Otto Dix im Selbstbildnis,* Berlin 1978, die aufgezeichneten Gespräche nach *Otto Dix. Ich folge lieber meinem Dämon,* Originaltonaufnahmen, hrsg. von Robert Eikmeyer und Thomas Knoefel, Audio-CD 2009, und die Briefstellen nach *Otto Dix. Briefe,* hrsg. von Ulrike Lorenz, Köln 2013. Das mehrfach angeführte, 1965 veröffentlichte Interview von Maria Wetzel findet sich wieder in *Otto Dix 1891–1969,* hrsg. von Rainer Beck, Ausst.-Kat. Museum Villa Stuck, München 1985.

Werkverzeichnisse

Otto Dix. Das graphische Werk, hrsg. von Florian Karsch, Hannover 1970

Fritz Löffler, *Otto Dix 1891–1969. Œuvre der Gemälde,* Recklinghausen 1981

Suse Pfäffle, *Otto Dix. Werkverzeichnis der Aquarelle und Gouachen*, Stuttgart 1991

Ulrike Rüdiger, *Grüße aus dem Krieg. Feldpostkarten der Otto-Dix-Sammlung in der Kunstgalerie Gera*, Gera 1991

Ulrike Lorenz, *Das Werkverzeichnis der Zeichnungen und Pastelle von Otto Dix*, 6 Bde, Weimar 2003

Monographien und Aufsätze

Willi Wolfradt, *Otto Dix,* Leipzig 1924

Fritz Löffler, *Otto Dix. Leben und Werk*, Dresden 1960

Dietrich Schubert, *Otto Dix in Selbstzeugnissen und Bilddokumenten,* Reinbek bei Hamburg 1980

Eva Karcher, *Eros und Tod im Werk von Otto Dix*, Münster 1984

Diether Schmidt, *Die Krönung des Vagabundendichters Iwar von Lücken. Ein Gemälde von Otto Dix,* Berlin 1988

Anna Barbara Lorenzer, Studien zur Maltechnik von Otto Dix in der Schaffenszeit von 1910–1933, in: *Zeitschrift für Kunsttechnologie und Konservierung,* Jg. 3, 1989, S. 113–147

Dietrich Schubert, Politische Metaphorik bei Otto Dix 1933–1939, in: *Kunst und Kunstkritik der dreißiger Jahre,* hrsg. von Maria Krüger, Dresden 1990, S. 148–155

Roland März / Rosemarie Radeke, *Von der Dada-Messe zum Bildersturm. Dix + Berlin*, Staatliche Museen Preußischer Kulturbesitz, Berlin 1991

Birgit Schwarz, *Otto Dix. Großstadt,* Frankfurt a. M. / Leipzig 1993

Roland März, Otto Dix: Die Skatspieler. Eine Neuerwerbung für die Nationalgalerie, in: *Jahrbuch Preußischer Kulturbesitz,* Bd. XXXII, 1995

Andreas Strobl, *Otto Dix. Eine Malerkarriere der zwanziger Jahre*, Berlin 1996

Kira van Lil, *Otto Dix und der Erste Weltkrieg: Die Natur des Menschen in der Ausnahmesituation*, Diss. München 2000

Olaf Peters, *Otto Dix. Der unerschrockene Blick. Eine Biographie,* Stuttgart 2013

Anne Marno, *Otto Dix' Radierzyklus Der Krieg (1924). Authentizität als Konstrukt*, Petersberg 2015

Ausstellungskataloge

Otto Dix 1891–1891. Zum 100. Geburtstag, hrsg. von Wulf Herzogenrath und Johann-Karl Schmidt, Galerie der Stadt Stuttgart und Nationalgalerie Berlin, Stuttgart 1991

Dix avant Dix. Das Jugend- und Frühwerk 1903–1914, hrsg. von Ulrike Lorenz, Kunstsammlung Gera, Jena 2000

Karin Schick, *Otto Dix. Hommage à Martha,* Kunstmuseum Stuttgart 2005

Otto Dix, Geisterbahn und Glanzrevue. Aquarelle und Gouachen, hrsg. von Ortrud Westheider und Karsten Müller, Bucerius Kunst Forum, Hamburg 2007

Getroffen. Otto Dix und die Kunst des Porträts, hrsg. von Marion Ackermann, Kunstmuseum Stuttgart 2007

Otto Dix, hrsg. von Olaf Peters, Neue Galerie New York und The Montreal Museum of Fine Arts / Prestel, New York 2010

Otto Dix retrospektiv. Zum 120. Geburtstag, Kunstsammlung Gera, Gera 2011

Thomas Bauer-Friedrich, *Otto Dix in Chemnitz,* hrsg. von Ingrid Mössinger, Kunstsammlung Chemnitz 2011

Das Auge der Welt. Otto Dix und die Neue Sachlichkeit, Kunstmuseum Stuttgart, Ostfildern-Ruit 2012

Dix/Beckmann. Mythos Welt, hrsg. von Ulrike Lorenz, Beatrice von Bormann, Roger Diederen, Kunsthalle Mannheim und Kunsthalle der Hypo-Kulturstiftung München 2013

Otto Dix. Der Krieg – Das Dresdner Triptychon, Staatliche Kunstsammlungen Dresden 2014

Otto Dix – Der böse Blick, Kunstsammlung Nordrhein-Westfalen, Düsseldorf / Tate Liverpool 2017

Bildnachweis

© akg-images: *Abb. 3, 8, 9, 10, 11, 12, 15, 18, 21, 22, 26, 30, 31, 35, 36, 38*; © bpk: *Abb. 16, 19, 20, 32*; ©Sammlung Sander, Darmstadt: *Abb. 17;* © Kupferstich-Kabinett, Staatliche Kunstsammlungen Dresden, Foto: Andreas Diesend: *Abb. 2*; Nach Büchern zitierte Abbildungen: Ulrike Lorenz, Beatrice von Bormann, Roger Diederen: Dix/Beckmann. Mythos Welt, München 2013: *Abb. 1, 25;* Diether Schmidt: Otto Dix im Selbstbildnis, Berlin 1978: *Abb. 4, 6, 28, 40*; Wulf Herzogenrath, Johann-Karl Schmidt: Dix, Stuttgart 1991: *7, 13*; Birgit Dalbajewa, Simone Fleischer, Olaf Peters: Otto Dix. Der Krieg – Das Dresdner Triptychon, Dresden 2014: *Abb. 14*; Ulrike Lorenz: Otto Dix. Welt & Sinnlichkeit, Regensburg 2005: *Abb. 23, 24, 27, 29, 33, 37, 39*; Karin Schick: Otto Dix. Hommage à Martha, Stuttgart: *Abb. 5*

Personenregister